KB214111

이스라엘, 아세요?

사라지지 않는 나라, 이스라엘

이스라엘, 아세요?

사라지지 않는 나라, 이스라엘

성경에 예언된 이스라엘의 국가적 미래

김충렬 지음

국민북스

예루살렘 동편에 떠오른 반원형 무지개 모습 - 유바울 선교사 제공

감사의 글

먼저 이 작은 책자에 직간접으로 인용되고 참고된 모든 책들의 저자들께 깊이 감사드린다. 그리고 개인적으로 '이스라엘의 회복'(롬 11:25~32)과 '한 새사람'(엡 2:15)의 신비를 깨달은 지 정확히 10주년이 되는 때에 맞춰 출판되는 이 책을 위해 도움을 준 영세교회 최광호 안수집사, 안미선 권사(ABIK 회원) 부부와 이주경 안수집사, 박수영 권사(ABIK 회원) 부부께 깊이 감사드린다. 타이핑 작업으로 수고한 ABIK 회원들께도 감사드린다. 원고를 꼼꼼히 읽고 용어를 수정, 보완해준 예루살렘의 강신일 목사, '이스라엘, 유대인 민족국가법'을 번역해준 정연호 교수, 책을 정성껏 멋있게 만들어준 국민북스 관계자들에게도 감사드린다.

또한 이 작은 책을 우리 후손에게 오직 예슈아만을 유산으로 물려주고 지금은 천국에서 기도하고 계신 조부 김영구 목사님, 조모 박세라 사모님, 부친 김종수 목사님, 모친 권순분 사모님께 드리고 싶다.

무엇보다 유대인과 이방인의 구주이시요 다시 오실 우리의 왕이신 예슈아께 영광을 돌린다. 마라나타!

주후 2020년 4월

이스라엘 독립 72주년 이야르월

불암산 사택에서 김충렬

서문

　본 책자의 저술 목적은 단 한가지다. 지난 1700여 년의 교회사에 깊이 뿌리 내린 '대체주의적'(supersessionism) 성경해석을 수정하도록 도전하기 위함이다. 대체주의란 무엇인가? 이는 하나님의 선민 이스라엘이 율법을 지키는데 실패했고, 더구나 예슈아(예수의 히브리어)를 죽인 민족이라는 것을 전제한다. 그럼으로 이스라엘은 하나님의 버림을 받아 선민과 나라로서의 지위(미래)를 빼앗기고, 대신 교회에게 '새 이스라엘'의 지위(미래)가 주어졌다는 견해가 바로 대체주의다. 필자는 비록 지극한 작고 부족한 시도이겠지만 교회사 속에 깊이 박혀 있는 대체주의의 오류를 제시하며 하나님의 본뜻을 알려줌으로서 이 시대 믿는 자들이 바른 성경해석을 하는데 일조하기를 소망하며 이 책을 썼다.

　이를 위해 '예슈아의 대속'을 기초로 해서 예슈아께서 이스라엘 땅으로 오신 근본 목적이 이스라엘의 회복을 통한 열방의 구원이며 그럼으로써 예슈아 안에서 '한 새사람'(이스라엘 연방국가)을 이루는 것임을 성경을 통해 입증하는 대안적 입장을 본 책에서 제시했다. 물론 이를 먼저 깨닫고 수행한 신실한 신학자들의 저술의 도움을 받았기에 이런 도전을 해볼 수 있었음을 밝힌다.

　이 책을 통해 독자들이 지난 1700여년의 긴 교회사 속에서 대체주의가 '예슈아의 유대성'을 무시하거나 과소평가함으로 얼마나 성경을 왜곡시키고 성경의 능력을 약화시켰는지를 발견할 수 있기 바란다. 더 나아가 하나님의 장대한 구속의 역사 안에서 이스라엘이 얼마나 명백한 국가적·민족적·지리적 의미를 갖고 있는지를 재발견하기 원한다. 그럼으로써 치우치지 않는 관점으로, 1세기 예슈아와 사도 바울을 비롯한 사도들 그리고 신약성서 기자의 관점으로 성경을 제대로 주해(해석)하는 계기가 되기를 간절히 기대해본다.

마지막으로 본 책자는 많은 관계서적 가운데서도 크레이그 블레이싱(Craig A. Blaising)의 소논문 '신학적인 질문으로서의 이스라엘의 미래'를 중심으로 특히 아홉 권의 책들을 참고했음을 밝혀둔다.

1. Craig A. Blaising, 신학적인 질문으로서의 이스라엘의 미래.
   Darrel L. Bock, Mitch Glaser 공동 편집, 김진섭 역, To the Jew First(첫째는 유대인에게) 188-216에 삽입된 내용. (서울:이스트윈드, 2012)

2. David H. Stern, Restoring the Jewishness of the Gospel(복음의 유대성 회복). (고양:브래드TV, 2018)

3. Richard Booker, Kim Woohyun, How the Cross become a Sword? (어찌하여 십자가가 칼이 되었는가?). (서울: 버드나무, 2013)

4. Tom Hess, Pray for the Peace of Jerusalem(예루살렘의 평화를 위해 기도하라). (서울:순전한 나드, 2017)

5. Walter C. Kaiser Jr, 김혜경 역, Preaching and Teaching the Last Things(마지막 때에 관한 설교). (서울:CLC, 2014)

6. 김종철, 세계 사역자들과 대화 I. (고양: Brad Books, 2017)

7. 김충렬, 하나님이 자기 백성을 버리셨느냐. (서울:쿰란출판사. 2018)

8. 박흥수 편저, The Hope of Puritans and Redemptions of Jews(청교도의 소망, 유대인의 회심). (서울:왕의 귀환 펠로우십, 2018)

9. 이향숙 편저, 하나님의 마음으로 배우는 이스라엘. (서울:한인이스라엘선교회·KIM, 2017)

성서신학자도 아닌 평범한 한 목회자가 이런 민감한 분야의 주제의 책을 내는 것이 무모한 일인 줄 잘 알고 있다. 그럼에도 필자가 굳이 이런 시도를 하는 이유는 단 하나다. 이렇게라도 함으로써 이 분야의 활발한 대화의 물꼬가 트이는 계기가 이뤄질 수 있을 것이라는 한 가닥의 기대 때문이다.

일러두기

※ '예수'는 '예슈아'(예수의 히브리어)로 표기했음(성경 본문 제외)

온 이스라엘이 구원을 받을 것입니다
(All Israel will Be Saved)

형제들이여, 참으로 나는 여러분이 이 비밀을 모르기를 원하지 않습니다. 이는 여러분이 스스로 지혜롭다고 하지 않게 하기 위함입니다. 참으로 이방인들의 수가 충만하게 들어오기까지 일부 이스라엘인들이 완고해진 것입니다. 그러므로 "구속자가 찌욘으로 오리니 야아콥 안에서 불경건한 자들을 돌이킬 것이다. 이것이 내가 그들의 죄악을 없앨 때 그들과 맺은 내 언약이다"라고 기록된 대로 온 이스라엘이 구원을 받을 것입니다.

그들이 복음에 있어서는 여러분과 원수가 되었으나 선택에 있어서는 그들의 조상으로 인하여 사랑을 받은 자들입니다. 참으로 하나님의 선물과 부르심에는 후회하심이 없습니다.

로마서 11장 25-29절, 헬라어 직역성경

♨ 들어가는 말

이스라엘의 국가적 미래 발견의 필요성

지난 2천 년 동안 지속되었던 기독교의 핵심 메시지는 "유대인과 이방인을 위한 구원이 메시아 예슈아를 통해 주어졌다"(행 2:39, 롬 1:16, 갈 3:28 등)는 것이다. 속죄와 영생은 예슈아를 믿는 자에게 주어지는 하나님의 선물이다. 이 사실은 유대인을 위한 복음이자 이방인을 위한 복음이기도 하다. 주 예슈아께서는 바로 이사야 선지자가 본 귀하고 견고한 '기촛돌'(모퉁이 돌, a precious cornerstone)이시다.

> "보라 내가 한 돌을 시온에 두어 기초를 삼았노니 곧 시험한 돌이요 귀하고
> 견고한 기촛돌이라 그것을 믿는 이는 다급하게 되지 아니하리로다"
> (사 28:16)

유대인과 이방인 등 모두가 기독교 초기부터 '예슈아를 믿는 모든 사람들이 죄 사함을 받고, 내주하시는 성령님을 선물로 받으며, 그로 인해 죽지 않는 영원한 생명을 받게 된다'는 메시지를 받아들였다. 그들은 메시아를 믿는 각각의 이방인들과 동일하게 메시아를 믿는 개별적인 유대인들에게도 영원한 미래가 있음을 확신했던 것이다.

그러나 역설적으로 지난 1700여 년간 교회는 성경 전체의 주제이며,

하나님의 특별한 은혜의 대상이며, 축복에 대한 하나님의 언약적 약속의 수혜자인 민족적·정치적·국가적인 유대인들에 대해서는 그릇된 생각을 지녀왔다. 교회는 민족적·정치적·국가적 유대인들의 실체인 이스라엘에 영원한 미래가 있다는 사실을 확신하지 않았던 것이다.

역사적으로 교회는 한편으로는 수많은 이방인 그리스도인들이 실재하는 가운데 메시아를 믿는 소수의 유대인들을 주시하지 않았고, 다른 한편으로는 믿지 않는 보다 큰 영역의 유대인 사회에 대해서도 별 관심을 보이지 않았다. 그 결과는 심각하다. 대부분 그리스도인들은 이스라엘이 현재 하나님의 심판 아래 놓여있으며 하나님께서 일종의 신적(神的) 불쾌감을 지니고 최후의 심판 때까지 이스라엘을 완전히 거절함으로써 이스라엘 민족에게는 이 땅에서 방황하는 것 외엔 전혀 미래가 없게 되었다는 식의 결론을 내리게 되었다.

더구나 대부분의 기독교 신학자들은 성경에 기록된 이스라엘의 미래에 대한 하나님의 언약적 약속은 이미 교회로 이전되었다는 견해를 채택해버렸다. 따라서 '교회가 새 이스라엘'이라는 새로운 신학이 소위 주류 신학으로 나타나게 되었다. 그럼으로써 옛 이스라엘, 즉 용어적인 고유한 의미에서의 이스라엘은 언약의 상속권을 잃어버리게 되었다. 또한 하나님의 미래 계획 가운데 이스라엘은 마땅히 자신이 차지해야 할 모든 자리를 교회에게 빼앗기고 말았다.

이 같은 '메시아를 믿는 개별적인 유대인에게는 미래가 있지만, 종족적·민족적·국가적인 이스라엘의 미래는 하나님의 계획 안에 없다'는 전통적인 관점은 하나님의 본래의 뜻과는 배치된 그릇된 것이다. 이에 대해 필자는 세 가지 관점을 제시한다.

첫째, 그것(이스라엘에 대한 교회의 전통적 관점)은 유대인들에게
는 언제나 매우 낯선 개념이었다.

둘째, 예슈아와 사도들, 성경의 여러 저자들은 그것이 매우 잘못된
견해라는 지적을 했고 점점 많은 복음주의권의 그리스도인들이 전통
적 관점을 반대하고 있다.

셋째, 하나님이 이스라엘을 거절했다는 관점이 수많은 그리스도인
들의 사고에 깊이 자리 잡고 있는 가운데, 만일 하나님께서 이스라엘
을 위한 확고한 미래를 갖고 계시다는 것이 사실이라면 기독교 신학은
근본적으로 달라져야 한다. 이것은 기독교 신학의 미래를 결정지을 중
요한 사항이다.

본 책자에서는 먼저 하나님이 이스라엘을 거절했다는 전통적 관점
이 교회와 그리스도인들의 사고에 얼마나 깊은 영향을 미쳤는지를 살
펴보고자 한다. 그런 다음, 하나님의 구속사적 계획에 이스라엘의 미래
가 과거, 현재와 함께 분명하게 자리 잡고 있음을 성경을 통해 제시할
것이다. 성경 속에는 이 문제에 대해 이방 그리스도인들과 유대인들을
설득시킨 수많은 사실들이 기록되어 있다. 마지막으로는 1948년 이스
라엘이 1900여 년간의 방황을 끝내고 나라를 이룬 경천동지할 역사적
사건 이후 기독교 신학은 어떻게 달라져야 하는지를 살펴보려 한다.

제1장
대체주의(supersessionism)

제1장 대체주의(supersessionism)

'이스라엘(유대) 민족은 예슈아를 죽였기에 하나님께서 그들을 거부하셨다'는 것은 기독교인들의 사고에 깊이 뿌리 내린 생각이다. 이스라엘의 미래에 대한 교회의 전통적인 관점은 '교회가 이스라엘을 대체했다'는 '대체주의'이다. 대체주의는 '대체신학'(replacement theology)으로 발전됐다.

대체주의는 주후 135년 시몬 바르 코크바(Simon Bar Kokhba)의 반란이 로마의 장군 티투스(Titus)에 의해 진압된 직후부터 일어나기 시작했다. 순교자 저스틴(Justin)과 멜리토(Melito of Sardis) 그리고 바나바의 편지(The letter of Barnabas)와 같은 2세기 교부들의 글에 대체주의가 나타났다. 이것이 빠르게 퍼져나가 교회의 지배적인 견해가 된 것이다.

4세기에 로마제국의 황제 콘스탄티누스(Constantinus)는 여기에 결정적인 작업을 실시했다. 황제에 등극한 그는 사회의 혼란을 방지하면서 하나의 거대한 로마 제국을 이루기 위한 실용주의 차원에서 공통된 종교의 필요성을 느꼈다. 그러던 차에 '기독교'(Christianity)라는 새로운 종교가 대중들에게 급속도로 전파되고 있다는 사실을 발견하게 되었다. 그래서 그는 신흥종교인 기독교를 로마제국통치의 유용한 수단으로 사용키로 했으며 마침내 주후 324년, 기독교를 '국교'(national religion)로 결정하기에 이르렀다. 그러나 그 과정에서 치명적인 문제가 발생했다. 그것은 당시 기독교는 당연히 유대민족을 모태로 파생됐기에 유대적 색채가 짙은 종교였지만 황제는 유대인들을 매우 싫어했고, 그의 제국에도 반유대적인 사람들이 가득한 것이었다. 거기다가 기독교는 그리스나 로마의 전통신앙과 도저히 융합하기 어려운 요소들을 지니고 있었기에 당시 로마제국 시민들이 기독교를 그대로 수용하기란 매우 어려운 일이었다. 그러나 현실적으로 기독교의 세력은 점점 확산되고 있었다.

이에 콘스탄티누스 황제는 하나의 묘책을 내어놓았다. 즉 기독교에서 형식은 거의 그대로 남기되, 유대적 속성은 완전히 제거하는 것이었다. 유월절과 같은 하나님의 절기는 그리스 로마의 절기와 풍습으로 대체하고, 선민 유대인은 그리스도인들(교회)로 대체하는 식이었다. 그럼으로써 '본래 유대인이 선민이었다. 그러나 유대인이 자기 땅에 오셨던 메시아 예슈아를 십자가에 못 박아 죽였다. 그래서 하나님은 유대인을 버리시고, 교회(그리스도인들)를 새 이스라엘로 대체하셨다'는 대체신학이 태동됐다. 황제는 저명한 초기 신학자인 교부 오리게네스(Origenes)의 제자 유세비우스(Eusebius)를 종교 고문으로 삼아 '대체신학'을 체계화시켰다. 그 이후, 아우구스티누스(Augustinus)가 콘스탄티누스 황제에 의해 정립된 반유대주의적인 대체신학을 조직적으로 정리, '하나님의 도성'(De Civitate Dei)이라는 책을 저술했다. 그 책은 이후 1500여 년 동안 기독교 신앙과 신학에서 가장 중요한 책 중의 하나가 되었다. 이렇게 해서 교회와 그리스도인들에게 '교회가 이스라엘을 대체했다'는 대체주의(신학)가 깊이 뿌리내렸다.

소올렌(R. K. Soulen)은 그의 책 '이스라엘의 하나님과 기독교 신학'(The God of Israel and Christian Theology)에서 대체주의(대체신학)를 크게 다음 세 가지 종류로 구분했다.

1. 처벌적(Punitive) 대체주의

'메시아에 대한 유대인들의 거부 때문에 하나님께서 유대인들을 거부하셨다'는 주의다. 여기에 찬성하는 사람들은 주후 70년과 135년에 로마제국을 통해 예루살렘에 내려진 재앙은 메시아 거부에 대한 하나님의 징벌로 이스라엘에 대한 근본적인 '하나님의 버리심'이라고 주장한다. 결과적으로 하나님께서는 유대인들에게 등을 돌리셨고, 대신 이방교회를 그들의 자리로 받아들이셨다는 것이다.

2. 경륜적(Economic) 대체주의

이것은 처벌적 대체주의보다 더 강력한 주장을 담고 있다. 이 주의를 주창하는 자들은 시내산에서부터 메시아 예슈아에 이르는 이스라엘의 전체 경륜이나 세대의 모든 의미는 메시아 예슈아에 의해서 밝히 드러났다고 전제한다. 따라서 이스라엘과 관련된 모든 것들은 이후의 기독교에 구현될 영원하고 영적인 종교에 대한 '전환적인 상징'이거나 '예표'로 하나님에 의해 고안된 것뿐이라는 주장이다. 이에 따르면 유대교의 특징인 국가적·민족적·물리적인 모든 것들은 구약성경에 기록된 이스라엘에 대한 모든 이야기같이 신적으로 계획된 하나의 '육신적 상징'에 불과하며 이는 하나님께서 영원한 영적 대형(對型, antitype)인 교회를 탄생시킬 때 사라지게 된다는 주장이다.

3. 구조적(Structural) 대체주의

이는 기독교에 가장 깊이 뿌리내린 대체주의의 유형이다. 성경에 나타난 명백한 유대적·이스라엘적·히브리적 요소들은 성경의 '단순한 배경'으로 큰 의미 없이 습관적으로 기록되었다는 주장이다. 이스라엘 자체는 실제로는 별것이 아니어서 전혀 성경의 중심주제가 될 수 없다는 주의다.

이상과 같은 세 가지 형태의 대체주의가 지난 1700여 년 동안 기독교인들의 사고에 깊이 각인되었기에 20세기말까지만 해도 이스라엘의 민족적·국가적 미래에 대한 진지한 논의는 전통적인 관점에 의해 철저히 무시되어졌다. 그러나 이 같은 대체주의는 20세기 중반 이후에 발생한 사건들과 21세기 초에 벌어지고 있는 일들로 인해 서

서히 변화의 길을 가게 되었다. 즉 그러한 사건들로 인해 대체주의 는 역사적·성경적 근거들에 대한 타당성을 점점 상실했고 이제는 그 저 전통이라는 미명하에 기독교 신학계에 남아있게 된 것이다.

앞에서 지적한 대로 대체주의자들은 주후 70년과 135년의 예루살 렘의 멸망이라는 재앙이 이스라엘을 정치적인 측면은 물론 국가적 인 개체로서 완전히 끝내시려는 하나님의 의도를 보여준다고 믿었 다. 그러나 1948년에 1900여 년 만에 이뤄진 현대 이스라엘의 건국 사건이 모든 것을 바꿔놓았다. 그것은 전적으로 하나님의 섭리에 의 해 이뤄진 역사의 일대 사건으로 대체주의자들의 생각이 근본적으 로 잘못된 것이라는 사실을 명백히 보여줬다.

"시온은 진통을 하기 전에 해산하며 고통을 당하기 전에 남아를 낳았으니 이러한 일을 들은 자가 누구이며 이러한 일을 본 자가 누구이냐 나라가 어 찌 하루에 생기겠으며 민족이 어찌 한 순간에 태어나겠느냐 그러나 시온은 진통하는 즉시 그 아들을 순산하였도다 여호와께서 이르시되 내가 아이를 갖도록 하였은즉 해산하게 하지 아니하겠느냐 네 하나님이 이르시되 나는 해산하게 하는 이인즉 어찌 태를 닫겠느냐 하시니라"(사 66:7-9)

이 말씀은 결국 무엇을 의미하겠는가? 오직 하나의 역사적인 사 건을 의미하는 것이 아니겠는가? 즉 대체주의자들이 오랫동안 주장 해왔던 '이스라엘 민족이 예슈아를 죽였기 때문에 대신해 교회(그리스도인들)를 새 이스라엘로 선택하셨다'는 대체주의를 일거에 뒤엎어버린 '1948년 5월 14일의 현대 이스라엘 건국 사건'을 의미하는 것이 분명하다. 이것만이 아니다. 이 외에도 이스라엘의 근현대사에서는 대체신학을 계속 주장하기 힘든 사건이 최소 열 가지가 더 일어났다. 이 모든 것들은 현대 이스라엘 건국 사건과 함께 '유대인 근현대사의 11대 불가사의'라고 불러도 과언이 아닐 내용들이다.

(1) 벤 예후다(Ben Yehuda, 1858-1922)의 노력에 의해 사멸한 고대 언어였던 히브리어가 현대적 일상 언어로 탄생한 것. 영국은 이를 팔레스타인의 공식 언어로 인정했다. (1922년, 렘 31:23)

(2) 독일 나치정권(1933-1945)이 600만 명의 유대인을 대학살한 홀로코스트(Holocaust) 사건(렘 16:16)

(3) 이스라엘의 독립과 재건(1948년, 사 11:11, 사 66:7-9, 겔 37:11 등)

(4) 6일 전쟁(1967년 6월 5일-10일) 당시 3일째에 예루살렘 탈환 (2553년 만에, 눅21:24)

(5) 알리야(Aliyah) 운동. 러시아의 '팔레스타인 개척자들'(Biluim)에서 시작되어(1882년), 현재까지 크게 5회 이상에 걸쳐 진행됐다. 이 운동으로 170여 개국에서 675만 명 이상의 디아스포라 유대인들이 고토로 돌아왔다. (사 43:1-7, 신 30:3-4, 렘 31:31-34, 겔 37:11-12, 암 9:14-15, 호 1:10 등)

(6) 1960년 이후 메시아닉 유대인(Messianic Jews)의 증대(미국에 25만여 명, 이스라엘에 3만 5천여 명, 마 23:39)

(7) 유대인과 이방 그리스도인의 예슈아 안에서의 '한 새사람'(One New Man) 운동(사 19:23-25, 미 5:3, 엡 2:15 등)

(8) 도널드 트럼프 미국 대통령이 "예루살렘이야말로 이스라엘의 수도다"라고 선언한 사건(2017년 12월 6일, 슥 12:2-3)

(9) 미국이 세계 최초로 주 이스라엘 대사관을 텔아비브에서 예루살렘으로 이전한 사건(2018년 5월 14일, 슥 14:16)

(10) 이스라엘 국회(크네세트)의 '유대민족 국가법' 통과(2018년 7월 18일, 사 5:26, 11:10, 계 5:5 등)

(11) 2010년을 전후해 이스라엘 북부 지중해 연안바다에서 거대 천연가스 매장지 발견과 북부 골란고원, 쉐펠라 지역에서 거대 유전지 발견. 이스라엘이 이 천연가스와 원유를 시추, 개발해 자체 수급은 물론 해외로 수출하기 시작한 사건(신 33:19,24)

대체주의자들은 기독교 초기부터 이스라엘을 성경의 주요 이야기에서 제거했다. 뿐만 아니라 하나님이 이스라엘에게 약속한 미래를 이방교회에게 부여한 미래로 바꿨으며 이스라엘을 단지 영적 실체에 대한 하나의 상징으로 여기는 식으로 성경을 이해하는 방식 자체를 바꿨다.

그들은 구약성경의 언약들과 약속들, 수많은 내러티브(Narrative,

이야기)를 상징들로 격하시켰다. 그것들이 상징하는 바는 이방교회로 옮겨졌으며 그 결과 신약 시대에 기독교라는 영적인 종교가 출발되어졌다고 믿었다. 모든 축복은 이방교회가 받고, 모든 저주는 이스라엘에게 돌아가는 식으로 믿고 가르쳐왔다. 오랜 시간에 걸쳐 대체주의(신학)가 공고화된 것이다.

그러나 17세기에 들어서 서서히 새로운 기류가 흐르기 시작했다. 새롭게 등장한 '천년왕국'(Millennium)에 대한 논의 가운데 '다가오는 메시아의 나라에서 이스라엘의 민족적·국가적 미래가 분명히 존재하며, 그뿐 아니라 중심역할을 한다'는 주장이 제기되었다. 그러자 대체주의적인 성경 이해방식에 대한 수정이 조금씩 이뤄지게 되었다. 즉 19세기 후반에서부터 '전천년설'(前千年說, Premillennialism)의 영향으로 구약성경의 천년왕국을 중심한 예언의 성취가 '상징적인' 성취가 아니라 '문자적인' 성취라는 관점이 설득력을 갖게 되면서 이스라엘의 미래에 대한 믿음도 점차 퍼져나가기 시작했다. 특별히 1700년 동안의 반셈족주의(Anti-Semitism), 반시온주의Anti-Zionism), 반유대주의(Anti-Judaism)의 결정판과 같았던 홀로코스트의 600만 유대인 학살은 많은 성경학자와 신학자들로 하여금 대체주의를 재평가하도록 만들었다. 그 결과 이스라엘의 미래에 대한 성경적 관점이 대체주의 일변도에서 서서히 근본적 변화를 갖게 되었다.

무엇보다도 성경 가운데 로마서 9-11장에 대한 바른 해석이야말로 그런 변화의 근본적인 촉매제였다. 로마서 9-11장에서 사도 바울은 개별적 이스라엘과 함께 민족적·국가적 이스라엘의 미래에 대한 하나님의 계획을 제대로 기록했다. 이 로마서 9-11장에 대한 바른 해석이야말로 1700년 동안 기독교가 굳건하게 견지해 온 대체주의를 무너지게 만든 결정적 열쇠였다.

제2장
로마서 9-11장

제2장 로마서 9-11장

로마서 9-11장에서 사도 바울이 주장한 중요한 특징들을 살펴보는 것은 아주 의미가 크다. 영국의 저명한 신약학자인 크랜필드 (C. E. B. Cranfield)는 현재는 신약성경 연구에서 비교적 널리 증명된 사실을 이미 약 30년 전에 이렇게 말한바 있다.

"이 로마서의 세 개의 장(9-11장)은 교회가 유대인들의 자리를 단번에, 완전히 대체했다고 말하는 것을 단호히 금지한다."

크랜필드의 '로마서 주석'(Epistle to the Romans)에서

여기서 회복 관점의 여러 주석서에서의 해석적 요점은 다음과 같다.

1. 하나님의 이스라엘 선택(9:1-28) - 이스라엘의 과거

여기서 바울은 먼저 이스라엘이 하나님으로부터 받은 특권을 열거한다. 이어서 이스라엘이 어떻게 그런 특권을 가지게 되었는지를 설명한다. 그런데 그 특권은 이스라엘의 행위에 의한 결과로 주어진 것이 아니라 전적으로 하나님의 선택에 의해 주어진 것이다. 하나님의 선택은 하나님의 주권적 결정이기에 정당하다. 하나님께서는 유

대인들(이스라엘 백성들)이 선민이라고 해서 모두를 선택(여기서의 선택은 기능을 위한 것이 아닌 개인 구원으로서의 선택임)하신 것이 아니라 그 가운데서 일부(약속의 자녀)만 선택하셨다. 한편 이방인들의 경우는 그들이 비선민이라고 해서 원래 운명대로 버려두신 것이 아니라 그 가운데서 일부(사랑한 자)를 선택하셨다. 이런 하나님의 처사가 선민 유대인의 눈에는 '선민은 차별하시고 이방인은 무차별하시는 것'으로 보일 수도 있다.

우리는 자주적이고 정당한 하나님의 선택에 의해 구원의 대열에 들어서게 됐다. 그러므로 우리의 구원이나 특권에 대해 우리가 자랑할 것은 아무것도 없다. 오직 하나님께 감사할 것만 있을 뿐이다.

　(1) 이스라엘을 위한 특권(9:1-5)
　(2) 이스라엘을 위한 말씀(9:6-13)
　　1) 아브라함의 씨(7-9)
　　2) 이삭의 씨(10-13)
　(3) 이스라엘을 위한 선택(9:14-29)
　　1) 하나님의 선택의 자주성(9:14-18)
　　2) 하나님의 선택의 정당성(9:19-29)

2. 이스라엘의 거부(9:28-10:21) - 이스라엘의 현재

먼저 이스라엘은 믿음과는 다른 길을 걸었다. 믿음을 의지하지 않고 행위를 의지했다. 하나님의 의에 복종하지 않았던 것이다. 다음으로 이스라엘은 복음을 거부했다. 그들에게는 만물과 이방인, 하나님의 성품을 통해 복음을 받아들일 기회가 충분히 있었지만 끝내 복음을 거부했다. 그 결과로 그들은 결국 걸림돌에 부딪히게 되었다. 우리는 이 단락에서 전도를 위한 귀중한 교훈을 얻게 된다.

   (1) 이스라엘의 믿음 거부(9:30-10:15)
    1) 믿음에 의지하지 않음(9:30-33)
    2) 하나님의 의에 복종하지 않음(10:1-4)
    3) 율법의 의와 믿음의 의(10:5-13)
    4) 구원의 사슬(10:14-15)
   (2) 이스라엘의 복음 거부(10:16-21)

3. 이스라엘의 회복(11:1-36) - 이스라엘의 미래

사도바울은 선택받은 이스라엘이 믿음과 복음을 거부했지만 결국은 회복될 것을 예언한다. 하나님께서는 결코 자기 백성을 버리지 않으신다. 그러나 이스라엘의 회복은 '남은 자'에게만 해당된다. 이스라엘의 남은 자들을 회복시키기 위해 하나님은 먼저 이방인에게 복음을 전해 그들을 구원받게 하신다. 그 이유는 선민 이스라엘로 하여금 시기가 나게 하기 위함이다. 결국 불순종한 이스라엘이 구원받는 것은 불순종한 모든 사람이 구원받는 것의 예표가 된다. 넘어지고 꺾인 이스라엘의 회복을 통해 멸망당할 운명의 이 땅 모든 백성들이 구원받을 가능성을 보게 된다. 이 모든 것은 오직 하나님의 주권에 달려 있다. 참 감람나무인 선민 이스라엘의 꺾임과 돌 감람나무인 이방인의 접붙여짐, 다시 이뤄질 이스라엘의 회복 등 이 모든 것이 오직 자주적이고 정당한 하나님의 섭리의 결과다. 우리는 이 섭리 앞에 겸손히 순종해야 한다. 하나님의 주권적인 이스라엘의 선택 그리고 이스라엘의 거부(유기), 이스라엘의 회복을 통한 이방인과 만민의 구원…. 이런 모든 과정은 하나님의 섭리라는 이름으로밖에 설명되어지지 않는다. 그러므로 이 땅의 피조물들은 누구나 하나님의 사랑과 긍휼하심, 은혜와 신실하심을 감사하며 찬양해야 마땅하다.

(1) 이스라엘의 회복과 남은 자(11:2b—10)

 1) 성경의 증거(2b-4)

 2) 현재적인 적용(5-10)

(2) 이스라엘의 회복과 이방인(11:11-24)

 1) 이스라엘의 넘어짐(11-16)

 2) 이스라엘의 꺾임(17-24)

(3) 온 이스라엘의 회복과 만민(11:25-32)

(4) 송영(11:33-36)

이스라엘의 선택, 거부, 회복과 관련, 바울은 자신의 시대에 하나님의 은혜로 택함을 받은 '남은 자들'(Remnant)이 있다고 말한다.(11:1-2, 5) 현재 대부분의 이스라엘 사람들이 우둔하게 된 것은 구원의 풍성함을 이방인에게까지 확장시키기 위해 하나님께서 택하신 방법이다. (11:25) 축복이 이방인들에게까지 확장되기 전에 선민 이스라엘이 완전하게 축복을 받을 것이라고 기대하는 것은 지극히 상식적인 생각이다. 그러나 이스라엘의 대부분이 우둔해진 가운데 먼저 이방인의 충만함을 이루는 것이 하나님께서 정하신 신비한 방법이다. 따라서 이스라엘에 대한 하나님 말씀의 성취에서 첫 번째 부분은 '오직 남은 자들만이 구원을 받게 될 것'이라는 말씀의 완성에 대한 것이다. (9:4, 6-12, 27-29, 11:5)

그러나 끝날 때까지 끝난 것이 아니다. 이스라엘에 대한 하나님의 말씀의 성취에서 두 번째 부분은 말씀을 알고 있는 사람들이 정확하게 기대한 것처럼(행 1:6) 한 나라로서의 이스라엘에 대한 영광된 축복이다. 이스라엘은 넘어졌고(롬 9:32-33, 11:9-11), 하나님께서는 그 넘어진 상태인 이스라엘의 남은 자들을 구원하시겠다는 자신의 말씀을 성취하고 계신다. 그런데 바울은 "그들이 완전히 넘어지기까지 실족하지는 않았다"고 언급한다. 그러면서 이렇게까지 말한다.

"만약 그들의 실패가 이방인의 풍성함이 된다면, 이스라엘의 충만함은 이 세상에 대하여 얼마나 더 많은 축복의 풍성함을 가져올 것인가?"
(11:12, 개인 번역)

그런데 위에서 언급된 '충만함'(헬라어로 '플레로마')은 현시대에 구원을 받는 '남은 자'와 대조된다. (11:7-26) 즉 현재 이스라엘 사람들 대부분의 복음에 대한 거부가 이방인들과 하나님과의 화해를 의미한다면, 미래에 이뤄질 그들의 예수에 대한 수용은 '죽은 자 가운데서 다시 살아남'을 의미한다. (11:15)

현재의 이스라엘은 '복음의 관점에서 하나님의 원수'인 이스라엘, 오직 남은 자들만 구원을 받는 이스라엘(9:27-29, 11:5), 바울이 동족의 구원을 위해서라면 대신 자기 자신이 저주를 받아도 좋겠다며 간절히 기도했던 이스라엘(9:1-3, 10:1), 거치는 돌로 인해 넘어짐으로 하나님의 의를 놓아버린 이스라엘(9:32b-33, 11:9)이다. 그럼에도 불구하고 그 이스라엘은 사실 '자신들의 언약의 조상들로 인해 사랑을 입고 있는 백성들'인 것이다. (11:28)

처음 익은 곡식가루가 거룩하기 때문에 떡덩이도 거룩하고, 뿌리가 거룩하기 때문에 가지도 거룩하다. (11:16) 비록 하나님께서 그들을 꺾으셨을지라도 그분은 그들을 다시 접붙이실 수 있고, 실제로 그렇게 하실 것이다. (11:23-24) 바울을 통해 주시는 주님의 말씀은 다음과 같다.

> "장차 시온에서부터 구속자가 나설 것이며, 야곱에게서 경건치 않은 것을 돌이키실 것이다. 그분은 그들(이스라엘)과 맺은 자신의 언약을 성취하실 것이고, '온 이스라엘'이 구원을 얻을 것이다."(11:26-27, 개인 번역)

바울은 '온 이스라엘의 구원'을 이사야 59장 20-21절의 약속에 기반을 둔다.

"여호와의 말씀이니라 구속자가 시온에 임하며 야곱의 자손 가운데에서 죄
과를 떠나는 자에게 임하리라 여호와께서 이르시되 내가 그들과 세운 나의
언약이 이러하니 곧 네 위에 있는 나의 영과 네 입에 둔 나의 말이 이제부터
영원하도록 네 입에서와 네 후손의 입에서와 네 후손의 후손의 입에서 떠
나지 아니하리라 하시니라 여호와의 말씀이니라"(사 59:20-21)

이사야 선지자는 이스라엘이 하나님의 호의(favor)에 의해 결국
시온으로 돌아올 것을 예언하면서 다음과 같은 하나님의 약속으로
결론을 맺는다.

"네 백성이 다 의롭게 되어 영원히 땅을 차지하리니 그들은 내가 심은 가지
요 내가 손으로 만든 것으로서 나의 영광을 나타낼 것인즉 그 작은 자가 천
명을 이루겠고 그 약한 자가 강국을 이룰 것이라 때가 되면 나 여호와가 속
히 이루리라"(사 60:21-22, 참조:사 45:25)

이스라엘의 지위에 대한 하나님의 말씀은 '현재 이스라엘의 굳어
짐'과 '이 세상의 더욱 풍성함'을 의미하게 될 '온 이스라엘의 종말적
구원'(롬 11:25)을 내포하는 이중적(twofold) 의미를 지니고 있다는
바울의 가르침에 대해 현재 바울 신학의 연구자들은 어느 정도 합의
를 이루고 있다. 이중적 의미로의 해석이 바른 성경 해석이라는 것이
다. 이는 이스라엘에 대한 예슈아의 사역의 초점과 본질에 대한 합의
가 점점 이뤄져가고 있는 세계 신학계의 분위기와 맥을 같이 한다.

제3장
예슈아와 이스라엘의 회복

제3장 예슈아와 이스라엘의 회복

1. 이스라엘의 회복에 대한 예슈아의 비전

역사적 예슈아에 대해 연구하고 있는 많은 성경 신학자들은 예슈아의 사역과 가르침은 기본적으로 '이스라엘의 회복에 대한 예슈아의 비전(vision)의 관점'에서만 이해될 수 있다는 견해를 공유하고 있다. 예슈아께서는 유대 백성들에게 선교 일성으로 "이르시되 때가 찼고 하나님의 나라가 가까이 왔으니 회개하고 복음을 믿으라"(막 1:15, 비교:마 4:17)고 선포하셨다. 그런데 그 나라는 영적인 만큼 정치적이며, 히브리 예언자들의 기대에 맞게 하나님의 은혜가 개별적인 유대인들에게 베풀어지는 것만큼 국가적인 이스라엘에게도 베풀어지는 나라였다. (마 19:28, 행 1:6-7) 이것은 하나님의 나라가 이스라엘에게 특별하게 임한다는 것을 강조하는 사람들의 주장과 모순되는 것은 아니다. 이는 선지자들이 메시아적 왕국의 도래를 예언했던 전통적인 방식 안에서 그 왕국이 이방 민족들에게까지 확장되는 것을 예견하는 보완적인 내용이다.

예슈아의 사역과 가르침에 대한 이 새로운 의견 일치에서 주목할

점은 '이스라엘에 대한 예슈아의 관심'이 민족주의적 특정성에 의한 것만이 아니라 그분의 사역 시작부터 십자가와 부활에 이르기까지 일관되게 나타나는 중심 내용이라는 것이다. (눅 24:47, 행 1:7, 계1:7 등), 짐 스코트(Jim Scott)는 "예슈아의 전 생애를 살펴볼 때, 그분은 무엇보다도 이스라엘의 회복의 비전을 위해서 사시고 죽으셨다"고 말한다(마 15:24, 눅 9:51, 마 19:28, 요 4:22b, 행 1:6-8 등). 스캇 맥나이트(Scott Mcknight)는 자기의 책 'A New Vision for Israel: The Teachings of Jesus in National Context'(이스라엘을 위한 새 비전: 국가적 문맥에서 본 예수님의 교훈)에서 예슈아께서 이스라엘 회복의 비전을 이스라엘 역사의 결정적인 순간에 선포하셨다고 말했다.

예슈아의 사역에서 종말론적 메시아 왕국이 폭발적으로 등장하게 되면서 하나님의 혹독한 심판도 그 나라위에 임하게 되었다. (마 24:21) 예슈아와 그분의 메시지에 대한 이스라엘 지도자들의 거부는 그 심판을 확정적으로 만들었다. (마 23:35) 예슈아께서는 직접 이스라엘에 임박한 재앙을 경고하셨다. (마 24:29-30)

그러나 그분은 또한 하나님께서 미래의 성취를 위해 약속한 나라를 가져올 것이라고 너무나 확실하고 분명하게 말씀하셨다. (마 26:29) 예슈아의 사도들은 다가오는 시대에 이스라엘의 열두 지파를 다스릴 것이며 땅과 성과 거처를 상속받게 될 것이다. (마 19:28-20) 예슈아께서는 자기를 따르던 유대인들에게 "이스라엘 왕국의 회복은 분명하지만 그 시간은 하늘에 계신 하나님 아버지께서 정하시며 미리 인간들에게는 드러내지 않으신다"고 강조하셨다.

"천지는 없어질지언정 내 말은 없어지지 아니하리라 그러나 그 날과 그 때는 아무도 모르나니 하늘의 천사들도, 아들도 모르고 오직 아버지만 아시느니라"(마 24:35-36)

그런 가운데 예슈아를 믿는 이스라엘의 남은 자들은 그 나라의 복음을 이방인들에게 전파했다. (행 13:46-48) 그리고 그 교제가운데 시작된 하나님의 나라는 베드로의 선포대로 이뤄질 것이다.

"그러므로 너희가 회개하고 돌이켜 너희 죄 없이 함을 받으라 이같이 하면 새롭게 되는 날이 주 앞으로부터 이를 것이요 또 주께서 너희를 위하여 예정하신 그리스도 곧 예수를 보내시리니 하나님이 영원 전부터 거룩한 선지자들의 입을 통하여 말씀하신 바 만물을 회복하실 때까지는 하늘이 마땅히 그를 받아 두리라"(행 3:19-21, 참조:행 1:3, 6-8)

2. 예슈아께서 약속하신 이스라엘의 국가적 미래

성경신학계가 예슈아와 바울이 강조한 '하나님의 종말론적 계획 안에 있는 국가적 이스라엘의 미래'를 주목하게 됨으로써 이제 대체주의적으로 성경을 해석할 명분과 타당성은 점차 희미해져 가고 있는 실정이다. 이제는 하나님이 이스라엘에게 주신 구약의 언약적 약속들을 더 이상 '상징적'이 아닌 '문자적'(literal)으로 받아들이는 새롭게 합의된 성경 해석 방법이 가능해졌다. 그리고 1948년, 이스라엘이 1900년 만에 독립한 이후 정치적인 실체로서의 이스라엘이 복원됨으로써 "이스라엘은 국가적으로는 끝이 났다"라는 역사적·섭리적 주장에 확실한 반론을 제기할 수 있게 되었다.

구약의 성전제도는 모세의 언약 가운데 가장 중요한 부분이었다. 예슈아께서 숨을 거두실 때 찢겨진 성전 지성소의 휘장은 예전 체제보다 훨씬 우월한 새 언약과 주님의 희생의 결과로 나타난 새로운 현실을 상징했다. (히 9장) 성령님으로 오신다는 예슈아의 약속(행 1:5,8)은 에스겔 36장에 나오는 영의 약속을 포함하며 '새로운 언약의 실천'을 명확하게 뜻한다. 그런데 여기서 우리가 반드시 유념해야 할 것은 이스라엘의 국가로서의 부르심에 대한 중요한 요소 중의 하나인 '영토'(장소)는 결코 잃어버리지 않는다는 점이다. 누가복음 22장 28-30절에서 예슈아는 열두 제자(사도)들에게 이스라엘의 열두 지파를 통치하도록 하시겠다며 구체적인 '장소'를 명시하셨다.

이런 관점에서 사도행전 1장 6-7절에는 훨씬 더 중요한 내용이 담겨 있다. 예슈아는 부활하고 승천하기까지 사십 일간 제자들과 함께 거하면서 마지막으로 하나님의 나라의 일을 가르칠 때 제자들로부터 이런 질문을 받으셨다.

"주께서 이스라엘 나라를 회복하심이 이 때니이까"(행 1:6)

이에 대한 예슈아의 답은 단호했다.

"때와 시기는 아버지께서 자기의 권한에 두셨으니 너희가 알 바 아니요"

(행 1:7)

그러면서 결정적으로 이스라엘 나라를 회복시키기 이전까지 제자들을 비롯해 모든 세대의 성도들이 해야 할 일을 이렇게 말씀하셨다.

"오직 성령이 너희에게 임하시면 너희가 권능을 받고 예루살렘과 온 유대와 사마리아와 땅 끝까지 이르러 내 증인이 되리라 하시니라"(행 1:8)

예슈아는 이스라엘의 국가로서의 회복의 때와 관련해 무엇을 말씀하신 것인가? 이 세상에서의 메시아 왕국의 설립은 다윗의 왕좌에 앉으실 예슈아께서 이스라엘은 물론 이스라엘을 넘어 전 세계를 통치하실 때에 이뤄진다는 것을 강조한 것이다. 물론 사도들은 예슈아의 말을 그대로 믿었을 것이다. 사도들은 '우주적인 메시아 통치시대'에서 자신들이 그 메시아 왕국을 세워가는 세력의 일부라고 여겼을 것이 분명하다. 이러한 이유로 누구보다도 '메시아닉 쥬(Messianic Jew·예슈아를 믿는 유대인) 성도'들은 하나님께서 부르신 이스라엘이라는 국가의 일원으로서의 소명을 지금도 간직하고 있다. 앞으로도 그들이 자신들의 부르심을 붙잡고 더욱 헌신할 것을 기대한다.

생각해 보라. 만약 사도들의 그런 생각이 오해에 기반을 둔 허황된 것이었다면 그 오해를 정정하는 것은 그렇게 어려운 일이 아니었을 것이다. 그런 소망이 성경을 지나치게 문자 그대로 이해하는 사도들의 오해에서 나온 것이었다고 가정해보자. 사도들의 질문을 받았을 때, 예슈아는 분명히 다음과 같이 말하시며 오해를 정정하셨을 것이다.

"얘들아, 정치적인 의미로서 이스라엘의 회복은 결코 없을 것이야. 다만 영적인 회복만 있을 것이니 땅 끝까지 나가 이방인 전도에만 힘써라."

그러나 주님은 그렇게 말하지 않으셨다. 그분은 이스라엘이 '영적으로만'이 아니라 '정치적으로도' 회복될 것이라고 분명히 말하셨다. 그러면서 회복될 이스라엘 뿐 아니라 모든 민족에게 복음이 전파될 것임을 강조하셨다. 그렇다. 예슈아는 진실로 믿음에 응답하는 아브라함의 영적 후손인 이방인 그리스도인들도 포함하여 이스라엘과 새로운 언약을 맺으셨다. (롬 4:9-11) 하나님은 이방인의 사도로 부름받은 바울을 통해 당신의 은사와 부르심은 그의 첫째 선민인 이스라엘에게 남아 있음을 분명히 하셨다. (롬 11:29)

이스라엘의 국가적인 미래가 확실히 있다는 사실을 어떻게 믿을 수 있는가? 그런 주장에 대한 성경신학적인 근거가 있는가? 간단하다. 하나님이 약속하셨다. 하나님은 자신의 말씀에 신실하신 분이시다!

"세계가 다 내게 속하였나니 너희가 내 말을 잘 듣고 내 언약을 지키면 너희는 모든 민족 중에서 내 소유가 되겠고 너희가 내게 대하여 제사장 나라가 되며 거룩한 백성이 되리라 너는 이 말을 이스라엘 자손에게 전할지니라"(출 19:5-6)

"나 여호와는 변하지 아니하나니 그러므로 야곱의 자손들아 너희가 소멸되지 아니하느니라"(말 3:6)

"내가 진실로 너희에게 말하노니 이 세대가 지나가기 전에 이 일이 다 일어나리라 천지는 없어질지언정 내 말은 없어지지 아니하리라"
(마 24:34-35)

"하나님은 사람이 아니시니 거짓말을 하지 않으시고 인생이 아니시니 후회가 없으시도다 어찌 그 말씀하신 바를 행하지 않으시며 하신 말씀을 실행하지 않으시랴"(민 23:19)

"하나님의 은사와 부르심에는 후회하심이 없느니라"(롬 11:29)

이제 다음 장에서는 이스라엘의 국가적 회복의 핵심 내용인 고토의 회복과 메시아 왕국 통치의 약속(맹세)과 관련, 하나님께서 어떻게 그 약속의 이행을 보장하시는지를 성경을 통해 살펴보고자 한다.

제4장
유대민족에게만 주신
약속(맹세)과 이행의 보장

제 4장 유대민족에게만 주신 약속(맹세)과
이행의 보장

하나님께서는 선민 이스라엘(유대) 민족에게 주신 약속(맹세)들을 반드시 이행하실 것이다. 이 약속은 이스라엘 민족에게만 주어진 것으로 그 약속의 이행은 철저히 보장되었다. 신실하신 하나님의 약속이기 때문이다. 어쩌면 이것이야말로 복음 안에서 가장 중요한 공동체적 요소라고 할 수 있다. 하나님의 약속들은 특히 구약성경(히:타나크)에 수없이 반복해서 등장한다. 수많은 언약 가운데 가장 중요한 두 가지 언약이 있다. 하나는 때가 되면 유대인들이 세계 각처의 유배지로부터 돌아와 고토에 '이스라엘의 땅'(히:에레츠 이스라엘)을 소유하고 거기서 거주하게 될 것이라는 사실이다. 또 다른 하나는 메시아의 왕국이 다윗 왕의 자손에 의해 새롭고 온전하게 세워진다는 것이다.

1. 신약성경의 증명

수많은 크리스천들은 하나님이 이스라엘 국가를 미래에 이루실 것이라고 약속한 내용이 구약성경에는 더러 있을지 몰라도 신약성경에는 전혀 없다고 생각하고 있다. 그러나 그렇지 않다! 그것은 무지와 오해의 소산이다. 신약성경에도 분명이 기록되어 있다. 특히 다음의 두드러진 두 개의 성경본문은 그런 오해를 불식시키기에 충분하다.

첫째는 마태복음 23장 37-39절이다. 예슈아는 굳어진 마음 상태로 자신이 선포한 영적 진리를 받아들이기를 거부한 유대사회의 율법학자들과 선생들, 바리새인 등 종교와 사회 지도자들을 통렬히 비판하시며 다음과 같이 외치셨다.

"예루살렘아 예루살렘아 선지자들을 죽이고 네게 파송된 자들을 돌로 치는 자여 암탉이 그 새끼를 날개 아래에 모음 같이 내가 네 자녀를 모으려 한 일이 몇 번이더냐 그러나 너희가 원하지 아니하였도다 보라 너희 집이 황폐하여 버려진바 되리라 내가 너희에게 이르노니 이제부터 너희는 찬송하리로다 주의 이름으로 오시는 이여 할 때까지 나를 보지 못하리라 하시니라"(비교:렘 22:5, 시 118:26)

메시아께서는 "예루살렘아, 예루살렘아"라면서 거룩한 도시 중심에 있는 유대 지배층을 비롯한 모든 유대민족에게 말씀하셨다. 그분은 개인 뿐 아니라 이스라엘 나라 전체에게 말씀하신 것이 분명하다. 이스라엘이 개인뿐 아니라 국가적으로도 "찬송하리로다 주의 이름으로 오시는 이여"라고 말할 때, 즉 주님께서 다시 오실 때, 국가적인 회복과 구원을 얻게 될 것이라고 약속하신 것이다.

둘째는 로마서 9-11장이다. 수많은 신학자들은 사도 바울이 교리편(1-8장)과 실천편(12-16장)을 나눠서 로마서를 기록했는데 이 9-11장은 양쪽과는 상관이 없는 '삽입 장'이라고 주장하고 있다. 그러나 전혀 그렇지 않다. 오히려 9-11장은 8장의 마지막 부분에서 제기된 핵심 질문에 대한 대답이기에 너무나 중요하다. 거기에서 바울은 예슈아를 믿는 선택된 사람들은 영화롭게 될 것이고(30절), 그 어떤 것도 그것을 막지 못할 것(31-39절)이라고 강조한다. "하나님은 믿음을 지닌 모든 이들에게 당신의 약속을 지키신다"는 바울의 확신 있는 가르침에 대해 주후 1세기 그리스도인들은 다음과 같이 자연스럽게 반응했을 것이다 "그러면 이스라엘 민족은 어떤가요? 우리는 하나님께서 그들(이스라엘 민족)에게 한 약속을 지키시는 것을 거의 보지 못했어요. 자, 생각해보세요. 메시아가 이 땅에 오셨다 가셨지만 대부분의 유대인들은 그분을 영접하지 않았잖아요. 그 완고한 이스라엘 사람들은 어떻게 되는 것인가요?"

이런 질문에 대해 바울은 로마서 9-11장에서 "하나님은 그분의 방법과 그분의 때에 이스라엘 백성과 국가에 대한 그분의 약속들을 반드시 지키신다"고 확실히 대답하고 있다. 그래서 바울은 로마서 11장 거의 끝 부분(11:26)에서 '온 이스라엘', 즉 '국가로서의 이스라엘'이 구원을 받을 것이라고 언급한 것이다.

이렇게 이스라엘의 국가로서의 회복과 구원은 구약성경은 물론이고 신약성경에도 분명히 언급되어 있다. 신약성경에서 두 곳만이 아니라 다른 여러 곳에서도 비슷한 언급이 기록되어 있다. (마 19:28, 눅 22:28-30, 행 1:6-7, 계 20:6 등)

2. 구약성경의 증명

백번 양보해서 만일 신약성경에 유대국가에 대한 약속들이 언급되지 않았다고 가정하더라도 우리는 여전히 '구약성경'이라 불리는 '원래의 성경'(제1의 성경)인 '타나크'(토라, 네비임, 케투빔의 앞 철자를 합성한 단어)에 수많은 약속들이 기록되어 있음을 기억해야한다. 사실 타나크는 예슈아가 인용한 유일한 성경이었다. (마 4:4, 7, 10, 눅 24:44-45, 요 5:39 등) 그리고 예슈아께서는 그 성경에 기록된 하나님의 말씀을 온 마음으로 믿었다. 그분은 타나크와 그 속에 있는 약속들을 언급하시면서 여러 번 "성경은 결코 폐할 수 없다"(마 5:17-18, 눅 16:17, 24:44 등)고 말씀하셨다. 바울도 그 성경에 대해 이렇게 말했다.

"모든 성경은 하나님의 감동으로 된 것으로 교훈과 책망과 바르게 함과 의로 교육하기에 유익하니 이는 하나님의 사람으로 온전하게 하며 모든 선한 일을 행할 능력을 갖추게 하려 함이라"(딤후 3:16-17)

신약성경은 결코 타나크를 무력화하거나 대체하지 못한다. 오히려 신약성경은 타나크의 기초 위에 만들어졌다. 더 정확히 말하자면 신약성경이 타나크를 훨씬 명확하게 만든다. 즉 타나크에 기록된 모든 내용은 신약성경을 통해 진실임이 입증되는 것이다. 거기에는 물론 이스라엘 국가에 대한 하나님의 모든 약속들이 포함된다.

유대인들을 위한 새 언약과 새 마음, 새 정신을 약속하고 있는 타나크는 '그들(유대인들)이 실제로 역사 가운데 계속 국가로 남을 것이며 이스라엘 땅에서 안전하게 살 것이라는 약속'을 상기시킨다. (렘 31:30-37, 겔 36:22-36). 우리는 예언서 등에서 수없이 나오는 '새 언약의 예언'이 예슈아에 의해 성취되었다고 믿는다. 그렇다면 우리는 19세기 후반부터 유대인들이 세계의 유배지에서 '그 땅'(the land)으로 돌아가는 알리야(aliyah·이스라엘로의 귀환) 역시 타나크에 기록된 예언의 성취로 앞으로도 더욱 확실하게 이뤄질 것이라는 것도 믿어야 한다. (사 11:10-14, 43:1-7, 49:8-13, 66:8, 렘 16:14-15, 30:3, 31:8-9, 31;31-34, 겔 28:25, 36:8-10,22,25,28, 37:1,11,12,17, 38:8,12, 암 9:14-15, 호 1:10, 슥 10:6-12 등)

3. '하나님이 유대인들과 관계를 끝내셨다'는 신학 이론에 대한 반론

그러나 서두에서 언급한대로 대체주의 신학은 이스라엘 나라에 대한 그런 약속들이 여전히 남아있다는 사실 자체를 인정하지 않는다. 대부분의 대체주의 신학은 유대인들이 예슈아를 메시아로 영접하는 것에 실패한 것과 관련, 이렇게 주장한다. "그들은 그로 인해 옛 언약의 모든 권리와 축복을 상실했다. 이제 선택된 백성으로서 그들에게 남아있는 것은 저주뿐이며 그들이 가졌던 모든 권리와 축복은 이방 교회로 이전됐다. 따라서 이제는 교회가 '새 이스라엘'이 되었다." 그러나 사실 성경 어디에 그런 말이 있는가?

그러나 우리는 이미 그러한 대체주의 신학이 이스라엘과 교회와의 관계를 근본적으로 잘못 이해하고 있다는 것을 살펴보았다. 그럼에도 그 잘못 이해하고 있는 신학이 이스라엘과 교회, 유대인과 이방인들에게 치명적인 문제들을 발생시키고 있기에 그 문제를 좀 더 자세히 논의하고자 한다. 먼저 대체주의 신학이 유대민족에 대한 하나님의 약속들을 부인하기 위해 즐겨 사용하는 신약성경 구절 가운데 두 곳이 실제로는 옛적에 타나크를 통해 유대인들에게 주신 약속을 확증해준다는 사실을 지적하려 한다.

(1) 고린도후서 1장 20절 전반부

"하나님의 약속은 얼마든지 그리스도 안에서 예가 되니"
"하나님의 모든 약속들은 예수 안에서 그들의 예가되기 때문에"(RSV)

대체주의 신학은 이 구절을 '모든 구약의 약속들이 이미 메시아를 통해 성취되었기에 이제 유대인들을 위해 남은 약속들은 더 이상 하나도 없다'는 식으로 이해하고 있다. 그러나 전후 문맥을 살펴볼 때, 이 구절은 결코 그렇게 해석될 수 없다. 대체주의 신학은 명백히 이 구절을 잘못 이해했다. 그러면 이 구절의 진정한 뜻은 무엇인가? 그 것은 정확히 '하나님의 모든 약속들은 예슈아 안에서, 예슈아를 통해, 예슈아에 의해 성취된다'는 말이다. 이 구절을 쉽게 풀어보자.

> "예슈아는 오래 전에 하나님 아버지께서 아브라함과 이삭과 야곱, 즉 이스 라엘 민족에게 하신 모든 약속들을 성취하신, 성취하고 계신, 성취하실 통 로이시다."

따라서 이 구절은 유대민족이 결국 흩어졌던 전 세계의 유배지로 부터 돌아와 그 땅을 소유하고 살 것이라는 점과 다윗의 자손이 왕좌 에 앉으실 때, 이스라엘 나라가 온전히 회복되어질 것(마 19:28, 눅 22:28-30, 행 1:6-7, 계 20:6)이라는 약속을 전제한다. 하나님께서 유 대인들에게 하신 모든 약속을 먼저 실행하실 것을 굳게 보장하는 뜻 이 전제되기에 이 구절이 유대인들에 대한 하나님의 약속이 취소되 었음을 확인해주는 '핑계 구절'로 사용되어서는 안 된다. 그것은 심 각히 성경을 왜곡하는 것이다.

(2) 마태복음 5장 17절

"내가 율법이나 선지자를 폐하러 온 줄로 생각하지 말라 폐하러 온 것이 아니요 완전하게 하려 함이라"

"내가 율법이나 선지자들을 폐하기 위해 온 줄로 생각하지 말라 나는 폐하
러 온 것이 아니라 성취하기 위해 왔다"(NASB)

대체주의 신학은 예슈아께서 초림하셨을 때, 율법(토라)을 이미
다 완성하신 것으로 이해한다. 그러나 위 본문에서 '온전케 하다' 혹
은 '성취하다'로 번역된 헬라어 단어 '플레로오'는 반드시 그런 의
미만을 나타내지 않는다. 메시아닉 쥬 신학자인 데이비드 H. 스턴
은 자신의 책 '복음의 유대성 회복'(Restoring the Jewishness of the
Gospel)에서 플레로오는 컵이나 구멍을 채우는 것처럼 단순히 '채우
다', '가득 채우다'를 의미하는 매우 일반적인 단어라고 주장했다. 그
는 마태복음 5장 17절에서 사용된 플레로오의 실제 의미를 '유대인
신약성경'(Jewish New Testament)에서와 같이 분명히 해야 한다고
강조했다.

"내가 토라나 선지자들을 폐하러 온 줄로 생각하지 말라. 폐하러 온 것이 아
니요, 완전하게 하기 위해 왔다."(유대인 신약성경)

여기서 플레로오는 토라와 선지자들의 도덕적 요구를 '충분히 채
우다'라는 뜻으로 사용되었다. 실제로 이 구절은 산상수훈(마 5-7
장) 전체의 주제다. 산상수훈에서 메시아이신 예슈아는 여섯 번(마

5:21-22, 27-28, 31-32, 33-34, 38-39, 43-44)이나 이렇게 말씀하신다.

"옛사람에게 말한바 … 너희가 들었으나"

이것은 당시 사람들이 율법(토라)을 불완전하게 이해했으며 그 의미를 왜곡하고 있다는 점을 지적하신 것이다.

"(그러나) 나는 너희에게 이르노니…"

이것은 율법(토라)을 온전히 이해하고 그 말씀에 순종하기 위해 완벽하고 충만한 영적 감각을 지니라는 뜻이다. 예슈아께서는 이 땅에서 선지자들의 예언들을 이루셨다. 또한 토라를 온전히 지키셨다. 그러나 예언들을 이루시고, 토라를 지키신 것이 예슈아께서 산상수훈에서 말씀하신 뜻의 전부는 아니다. 예슈아께서는 아직 이뤄지지 않은 자신에 대한 모든 예언을 현재와 미래에 성취하실 것이다. 무엇보다도 유대인들에 대해 아직 실현되지 않은 모든 예언들을 아버지 하나님의 시간표에 따라 순서적으로 이루실 것이다. 어떤 경우에도 반드시 예슈아의 말씀은 하나님의 모든 약속들을 이루는 수단이 되실 것이다.

따라서 유대인들에 대한 히브리 성경의 약속들은 "예슈아 안에서 모두 성취되었다"는 구절로 인해 더 이상 그 필요가 없어진 것이 결코 아니다. 오히려 '예슈아 안에서의 성취'는 이스라엘의 미래와 관련, 하나님께서 약속하셨던 것에 대한 보증이요 추가적 확신임을 의미한다.

"하나님의 은사와 부르심에는 후회하심이 없느니라"(롬 11:29)

바울은 로마서 9-11장에서 타나크에 계시된 이스라엘의 회복에 대해 길게 설명하면서 거의 결론부에 도달해 이렇게 단언한다.

"그리하여 온 이스라엘이 구원을 받으리라 기록된 바 구원자가 시온에서 오사 야곱에게서 경건하지 않은 것을 돌이키시겠고 내가 그들의 죄를 없이 할 때에 그들에게 이루어질 내 언약이 이것이라 함과 같으니라"
(롬 11:26-27)

여기서 '온 이스라엘'(헬:파스 이스라엘)과 관련해서는 여러 해석이 가능하지만 많은 경건한 학자들이 생각하는 바른 해석은 '국가로서의 이스라엘'이다. '온'을 의미하는 히브리어 '콜'은 개별적 개인의 합이 아니라 주요부분, 필수부분의 상당한 다수를 의미하는 단어이기 때문이다. 따라서 여기의 '온 이스라엘'은 유대 국가 안에 있는 대다수의 사람들이 믿게 되고, 그들이 믿음의 원소유자가 된다는 말이다. 그리고 '그들에게 이루어질 내 언약'은 '타나크에 기록된 이스라엘에게 하신 약속 전체'를 의미한다는 것을 분명히 알아야 한다. 그래야만 로마서뿐 아니라 성경 전체를 바르게 깨달을 수 있다!

4. 그 땅에 대한 약속(맹세)

'온전한' 복음('유대적' 복음)의 가장 중요한 내용 중의 하나는 '이스라엘이 세계 각 유배지로부터 돌아오게 될 것'이라는 약속이다. 사실 대부분의 유대인들이 '디아스포라 유대인'의 삶을 유배라고 생각하지는 않는다. 오히려 다수의 유대인들은 성경 속 '약속의 땅'보다 미국(또는 그들이 현재 살고 있는 부유한 나라)에 더 많은 젖과 꿀이 흐른다고 생각한다. 그러나 하나님께서는 그런 유대인들의 생각과는 반대의 말씀을 하신다. 전 세계 디아스포라 유대인들이 고토로 돌아올 것이라는 것이다. 하나님의 뜻은 결국 온전히 서게 될 것이다. 하나님께서는 자신의 방법과 시간에 세계에 흩어진 유대인들을 옛적에 그들에게 '영원한 상속'으로 주신 '그 땅'으로 완전히 돌아가게 하실 것이다. 물론 이 약속은 타나크에 뿌리를 두고 있다. 그러나 신약성경에 나오는 그 땅에 대한 번역들이 대부분 본 의미를 왜곡시키고 있는데 이는 감람산 담화에 대한 해석에 기인한다. 예슈아는 감람산에서 제자들과 마지막 때에 대한 주제의 담론을 하신다. (마 24:1-25:46, 참조:막 13:1-37, 눅 21:5-36)

"그 때에 인자의 징조가 하늘에서 보이겠고 그 때에 땅의 모든 족속들이 통곡하며 그들이 인자가 구름을 타고 능력과 큰 영광으로 오는 것을 보리라"(마 24:30)

'땅의 모든 족속들이'에서의 '땅'은 대부분의 성경 번역본에서 지칭하는 '땅'(the earth)이 아니라 '그 땅'(the land)으로 해석되는 것이 맞다고 본다. 왜냐하면 여기서 예슈아께서는 스가랴 12장 10절과 12절을 언급하고 계시기 때문이다. 그래서 저자 마태는 메시아께서 하늘 구름을 타시고 엄청난 권능과 영광으로 돌아오실 때, 이스라엘 열두 지파가 이스라엘의 '그 땅'(the land)에 거주할 것이며 그들이 메시아를 보게 될 것이라고 말하고 있는 것이다.

대체주의 신학이 '이스라엘의 그 땅'(the land of Israel)에 대한 약속은 더 이상 유효하지 않다고 주장하는 것은 예슈아가 오셨을 때, 모세 언약이 폐지됨과 동시에 그 땅에 대한 약속도 함께 폐지되었다고 생각하기 때문이다. 여기서부터 성경을 해석하는데 있어 큰 문제가 파생하기 시작했다. 앞서 언급한대로 예슈아께서 이스라엘 땅(약속의 땅)에 오신 것은 각종 언약의 기초가 되는 율법을 폐하기 위함이 아니라 성취하기 위함이었다. 그래서 모세의 율법 가운데 의식법, 정결예법, 제사법, 성전관련법을 비롯해 특별한 관습법 등은 예슈아의 오심으로 폐지되었다. 그러나 십계명 중심의 도덕법은 오히려 강화되었고, 그 땅의 언약을 비롯한 각종 언약들은 오히려 미래의 온전한 성취를 기다리게 되었다. 그러므로 그 땅에 대한 약속이 모세의 율법에 기록되어 있기 때문에 예슈아께서 오신 후에는 폐지되었다는 주장은 결코 성경적이지 못하다. 백번 양보하여 '그 땅에 대한 약속이 모세에 의해 반복 언급된(출 32:13, 신 6:3,23, 8:11, 11:9, 32:8, 34:4 등) 사실 때문에 예슈아 이후에는 무효가 된 것이 아니냐'는 주장을 일단 받아들인다고 하자. 그러나 그 땅에 대한 약속은 모세에게 처음 주어진 것이 아니라 모세 시대로부터 400여 년 전부터 주어졌다는 것을 알아야 한다. 즉 모세가 나타나기 훨씬 전에 아브라함(창 12:7, 13:14-17, 15:7-21, 17:7-8, 24:7)과 이삭(창 26:2-4, 28:3-4, 13-15)과 야곱(창 35:11-12)에게 주어진 것이다.

> "형제들아 내가 사람의 예대로 말하노니 사람의 언약이라도 정한 후에는 아무도 폐하거나 더하거나 하지 못하느니라 이 약속들은 아브라함과 그 자손에게 말씀하신 것인데 여럿을 가리켜 그 자손들이라 하지 아니하시고 오직 한 사람을 가리켜 네 자손이라 하셨으니 곧 그리스도라 내가 이것을 말하노니 하나님께서 미리 정하신 언약을 사백삼십 년 후에 생긴 율법이 폐기하지 못하고 그 약속을 헛되게 하지 못하리라"(갈 3:15-17)

이런 논리에 따라, 하나님께서 족장들에게 주신 그 땅에 대한 약속(맹세)은 새 언약의 출현이나 모세 언약의 폐지로 결코 변경되지 않는다. 이 시대에 미디어를 통해 끊임없이 "누가 이스라엘 땅에 대한 권리를 가지고 있는가?"라는 이슈가 등장하고 있다. 이런 때에 그리스도인들은 그 이슈에 대해 성경은 어떻게 기록하고 있는지를 바르고 자세히 알아야 한다. 이에 대해서는 예루살렘에 있는 로에 이스라엘 공동체(Roeh Israel Congregation)의 리더인 요셉 슐람(Joseph Shulam)이 제안한 방식이 적절하다고 생각한다.

김충렬 목사와 일행들이 예루살렘 성을 뒤로하고 감람산 전망대에 자리했다.

 "아랍인들은 '그 땅에 대한 권리'는 가지고 있지 않지만 '그 땅 안에서의 권리'는 가지고 있다. 하나님께서는 유대인들에게 '에레츠 이스라엘'(이스라엘의 땅)에 대한 통치를 약속하셨다. 그러나 '그 땅에 사는 거주자들'은 평화롭게 지낼 권리, 소유권이 있는 재산을 방해받지 않고 사용할 수 있는 권리, 구입한 토지에 대해 공정한 가격을 지불받을 권리, 착취나 수치를 당하거나 학대받지 않을 권리를 가지고 있다. 현재 그 땅에서 아랍인들을 통치하고 있는 우리 이스라엘 유대인들은 그와 관련해 토라나 선지자들의 가르침보다 더 좋은 행동 지침을 가지고 있지 않다."(데이비드 H. 스턴, '복음의 유대성 회복'에서)

 "주 너희의 하나님(God)은 신들(gods) 중의 하나님(God)이시고, 주들

(lords) 중의 주(Lord)이시고, 가장 위대하시고, 전능하시고, 두려우신 하나님(God)이시다. 그는 편애하지 않으시고, 뇌물을 받지 않으신다. 그는 고아나 과부를 위해 정의를 행하시고, 그는 나그네를 사랑하여 음식과 옷을 나누어 주신다. 그러므로 너는 나그네를 사랑해야 한다. 너희도 이집트 땅에서 나그네들이었기 때문이다"(신 10:17-19, 스턴의 번역)

"사람아 주께서 선한 것이 무엇임을 네게 보이셨나니 여호와께서 네게 구하시는 것은 오직 정의를 행하며 인자를 사랑하며 겸손하게 네 하나님과 함께 행하는 것이 아니냐"(미 6:8)

현재 이스라엘 국가는 분명히 메시아닉 국가는 아니다. 그러나 지금의 이스라엘의 상태는 '만물의 회복'(히:티쿤 하올람)의 한 단계에 있는 것처럼 보인다. '충성스러운 남은 자'에 대한 타나크의 원칙을 강조하는 요셉 슐람은 하나님께서 이 시대 이스라엘의 남은 자들인 '메시아닉 유대인들'을 위해 이스라엘 국가를 보호하신다고 가르치고 있다. 마태복음 5장 13절에서 예슈아께서는 제자들을 '그 땅의 소금'(the salt of the land)이라고 부르셨다. (대부분은 'the salt of the earth'로 번역됐다.) 소금은 방부제요 조미료다. 그래서 '그 땅의 소금들'인 메시아닉 유대인들이 지금 이스라엘 땅에서 이스라엘 국가를 보존하고 있다고 말할 수 있다.

5. 그 왕국에 대한 약속(맹세)

하나님께서는 항상 "다윗의 후손이 유대 민족을 다스릴 것"이라고 말씀하셨다. (삼하 7:14) 주지하다시피 예슈아 시대에 사람들은 메시아께서 이스라엘을 다윗 시대와 같이 회복시켜주심으로 이스라엘이 로마제국의 멍에로부터 벗어나 왕권을 회복할 수 있기를 간절히 기대했다. 예슈아를 따르던 무리 중 일부도 그런 열망을 지녔다. 그들은 무력을 사용해서라도 그 꿈을 이루기 원했다. (요 6:15)

3년 동안의 공생애 동안 예슈아는 자신이 결국은 유대인과 이방인, 인류의 죄를 대신해 죽어야 하며, 또 죽은 자 가운데서 다시 살아나야 한다고 가르치셨다. (눅 24:46) 그럼으로써 제자들이 자신에게 그 문제(이스라엘의 독립문제)를 질문하는 것을 막으셨다. 그러나 예슈아께서 그 일을 이루시고 승천하시기 직전에 제자들이 다시 그에게 다음과 같이 묻는 것은 무리한 일이 아니었을 것이다.

"그들이 함께 와서 그에게 물어 말했다. 주님, 당신께서 이스라엘의 왕국을 회복시키실 때가 이 시간입니까?"(행 1:6, 헬라어 직역성경)

이에 대해 주님은 그 질문을 받는 자체는 거부하지 않으시면서 이렇게 대답하셨다.

"그가 그들에게 말씀하셨다. 때와 시기는 아버지께서 자기 권한에 두셨으니 너희가 알 것이 아니다. 성령께서 너희에게 오시면 너희가 능력을 받아 예루살라임과 온 예후디와 쇼므론과 땅 끝까지 내 증인이 될 것이다."(행 1:7-8, 헬라어 직역성경)

어떤 면에서 이러한 예슈아의 대답은 제자들이 100% 듣고 싶었던 대답이라고는 볼 수는 없었다. 왜냐하면 너무 오랜 세월동안 이방나라들의 지배를 받아 심히 고통스러운 상태에 있는 그들은 주님께서 당장 로마제국을 제압, 이스라엘을 독립시켜 주시기를 바랐기 때문이다. 주님의 말씀은 자신들이 바라는 대답은 아니었던 것이다. 즉, 주님은 "그런 때와 기한의 문제를 질문할 수는 있겠지만 그것은 아버지 하나님의 권한에 있기에 군이 너희가 알 필요는 없다. 먼저 땅 끝까지 이르러 내 증인이 되도록 이곳에서부터 노력하라"고 하셨다.

여기서 우리는 확실한 한 가지를 배울 수 있다. 하나님께서 이스라엘 나라에 대한 당신의 통치를 회복시키실 지 여부에는 의문의 여지가 없으며 다만 불확실한 것은 '그것이 언제인가?'의 문제만 남는다는 사실이다.

1948년 5월 14일의 이스라엘 독립, 2017년 12월 6일에 미국 트럼프 대통령이 예루살렘을 이스라엘의 수도라고 선언한 것, 2018년 7월 18일의 이스라엘 국회(크네세트)의 '유대인 국가법' 통과 등은 우리에게 무엇을 말해 주는가?(본 책자 부록의 '청교도 및 복음주의 신

김충렬 목사가 예루살렘으로 옮겨진 미국 대사관 앞에서 한동연 사모와 함께 서 있다.

학자들의 국가적 이스라엘의 회복에 대한 선언들' 및 이스라엘 국가
(國歌, 하티크바), 이스라엘 공화국 독립선언문, 유대민족 국가법 등
참고)

　이 모든 것들은 성경에 기록된 유대 국가에 대한 하나님의 약속

들이 역사 속에서 성취되고 있다는 사실을, 따라서 그러한 약속들은 성경적 신앙을 갖고 있는 우리의 믿음에 있어 결정적 요소로 작용된다는 사실을 말해준다. 성경을 통해 미리 주신 이런 약속들이 없었다면 유대인들이 어떻게 그 긴 박해를 견디며 살아남을 수 있었겠는가? 설사 살아남아 있다 해도 자신들의 존재가 '하나님의 약속의 성취'라는 사실을 어떻게 알 수 있었겠는가?

따라서 유대 민족에게 주신 국가에 대한 하나님의 약속들은 이스라엘 민족 공동체의 중심이 될 수밖에 없다. 사실 이런 중요한 약속에 대해 언급하지 않는 복음은 대다수의 대체주의 신학에 사로잡힌 그리스도인들만이 생각할 수 있는 반쪽짜리 복음임에 분명하다. 다행히도 '온전한' 복음 자체가 되시는 메시아 예슈아께서 친히 그런 고대의 약속들을 확증하셨다. 참으로 그분을 통해 모든 약속들은 반드시 '예'(yes)가 되는 것이다. 할렐루야!

제5장
두 언약신학(two covenant theology)의 문제점

제 5장 두 언약신학(two covenant theology)의 문제점

　홀로코스트 이후 지난 20세기 후반부에 일부 로마 가톨릭과 주류 개신교 신학자들은 대체주의 신학에 대한 대안으로 '두 언약신학'을 제시하고 있다. 이것은 한마디로 "유대인과 그리스도인들이 구별된 다른 언약, 즉 '이중 언약'에 의해 각각 나눠져 하나님과 관계를 맺는다"는 신학이다. 다른 말로 설명하자면 "기독교는 예슈아를 통해 이방인들에게 하나님과의 언약 관계를 제공하고, 유대교는 토라(모세오경)를 통해 유대인에게 하나님과의 언약 관계를 제공한다"는 이론이다.

　그들의 주장을 좀 더 살펴보자. 이러한 이중 언약에 따르면 유대인들과 그리스도인들은 따로 따로 언약을 맺더라도 각각 동일한 이스라엘의 하나님께서 의도하신 방법대로 하나님과 관계를 맺는다. 따라서 한 언약, 또는 다른 언약을 기반으로 유대인 또는 그리스도인들이 하나님과 은혜로 맺은 관계의 합법성을 부정하는 것은 절대적으로 잘못된 것이다. 두 언약신학에 따른다면 비록 대부분의 유대인들이 메시아를 믿지 않는다 하더라도 그리스도인들은 유대인들이 하나님과 은혜의 관계를 가지고 있다는 사실 자체를 부정해서는 안된다. 오히려 그리스도인들은 유대인들에게 그들이 토라의 기반위에서 하나님과 은혜의 관계에 있다는 것을 확실하게 말해 주어야 한다. 더 나아가 이중 언약을 주장하는 자들은 그리스도인들이 유대인들에게 복음을 전파하는 것, 즉 유대인 선교를 반대한다. 그들은 그것이 유대인들을 모욕하는 정도를 넘어 이스라엘과 맺은 하나님의 언약에 대한 신학적 위반행위라고까지 주장하고 있다.

이 같은 두 언약이론은 복음주의적 입장에서 볼 때 심각한 신학적 문제점을 지니고 있다고 할 수 있다. 과연 구약성경 및 신약성경의 체계 안에서 '각자가 하나님과의 언약적 관계를 맺지만 나란히 존재하고, 하나님께서 허락하신 분리되어 있지만 동등한 두 개의 종교를 지니고 있다'는 논리를 받아들일 수 있을까? 결코 받아들일 수 없다. 분명히 이중 언약신학은 성경적으로 심각한 문제점을 지니고 있다. 그 근거로 크게 세 가지 이유를 제시할 수 있다.

1. 이스라엘과 교회가 함께 하나님과 아브라함 간의 언약을 통해 관계를 맺기에

이중 언약신학은 자체 내에 모순을 갖고 있다. 먼저 구약성경(타나크)의 이스라엘이나 신약성경의 교회는 모두 자신들이 하나님과 아브라함 간에 맺어진 언약을 통해 하나님과 관계를 맺는다고 여긴다. 그리고 둘 다 자기들과 하나님 사이의 언약적 관계가 모든 사람들에게 축복을 미친다고 본다. 즉 그 언약은 아브라함과 그의 후손을 축복하며 메시아 또한 그의 후손을 통해 모든 사람들이 복을 받는데 결정적으로 영향을 미친다고 여기기 때문이다. 로마서 4장을 보면 바울이 복음적인 관점에서 그 사실을 자세히 다루고 있다는 사실을 알 수 있다. (롬 4:13-25)

구약성경에 나타난 하나님께서 선민 이스라엘에게 주신 근본적이고 종말론적인 비전은 무엇인가? 그것은 온 세계 가운데 축복의 통로 민족으로서의 비전이다. 즉 자기 자신이 받은 그 영적·육적 축복을 땅의 모든 족속에서 나누어주는 '매개체 민족'으로서의 비전이다.

> "내가 너로 큰 민족을 이루고 네게 복을 주어 네 이름을 창대하게 하리니 너는 복이 될지라 너를 축복하는 자에게는 내가 복을 내리고 너를 저주하는 자에게는 내가 저주하리니 땅의 모든 족속이 너로 말미암아 복을 얻을 것이라 하신지라"(창 12:2-3)

예언서 도처에서 이러한 비전은 이스라엘 백성들에게 끊임없이 근본적인 소망의 약속으로 주어지고 있다(사 2장, 미 4장, 사 40:9-11, 42:6,10-12, 45:22-25, 49:6-7, 22-26, 60:1-3 등).

신약성경의 교회도 아브라함과 맺은 언약으로부터 나오는 새로운 축복을 선언하고 있다. (갈 3:6-14) 신약성경은 유대인과 이방인들이 모두 새 언약의 축복을 통해 연합된 것으로 보고 있다. (갈 3:26-29)

그러나 여기서 우리가 유의해야 할 점이 있다. 그것은 신약성경은 유대인과 이방인들이 모세 율법의 특별한 부분(의식법, 정결예법, 성전 관련법)과 관련해선 다른 관계를 갖고 있다고 여긴다는 사실이다. 여기에 대해서는 사도행전 15장에 잘 설명되어 있다. 첫 예루살렘 기독교 총회에서는 "이방인 신자들이 예슈아를 믿을 때에 반드시 모세의 법대로 할례를 받아야한다"는 바리새파 사람들의 주장이 받아들여지지 않았다. 그러나 유대인 신자들은 계속 할례를 받으며 의식법을 지켰다. 사도행전 21장에 보면 야고보 감독은 "메시아를 믿는 수만 명의 유대인들이 율법을 열성으로 지키고 있다"고 말했다. (행 21:20) 바울 자신도 율법을 지켰다. (행 12:21-25, 23:6, 24:13-21, 25:19, 28:17) 그러나 그는 이방인들과 교제할 때는 바리새인적으로 외식하는 것을 거부했고(갈 2:11-14), 더 나아가 이방인의 집에 들어가는 것, 먹고 마시는 것, 숙박하는 것을 금하는 규례도 복음전도를 위해 무시했다. (행 16:32-34, 20:7, 27:3, 28:7-10 등) 마치 예슈아께서는 이방인들에게 하나님의 사랑을 전하시기 위해 바리새인들이 이방인들과의 구별을 위해 만든 규례들을 무시하고 이방인들과 교제하신 것 같다. (마 8:5-13, 15:21-28, 눅 17:19, 요 4:5-42 등).

그러나 이를 결코 오해하지는 말아야 한다. 비록 신약성경이 모세의 율법과 관련해 유대인과 이방인 신자 사이의 다른 관계를 말하고는 있지만, 교회는 그것을 유대인과 이방인 신자 사이에 근본적인 차이나 우열로는 보지 않았다는 사실이다. 즉 새 언약의 축복 속에서 교회는 모세의 율법과 이방의 질서를 모두 품었던 것이다.

더구나 신약과 구약성경 모두 모든 사람(유대인과 이방인, 이스라엘과 열방)에게 언약적 축복을 복음적으로 선포할 것을 요구하고 있다. 이런 이유에서 이중 언약신학은 근본적으로 이스라엘과 교회의 정체성과 사명들에 대한 성경적 기반들과 양립할 수 없다.

2. 복음주의와의 관계에서 그 기원이 다원주의이기에

이중 언약신학의 두 번째 문제점은 그 기원이 성경에 있는 것이 아니라, '현대의 다원주의'에 있다는 것이다. 이는 복음주의와의 관계에서 볼 때 치명적인 문제점이다. 이중 언약신학의 핵심 주장은 '기독교와 유대교가 다 함께 합법적인 종교이면서 서로 구별된 종교'라는 것이다. 그러나 성경적 토대에서 살펴볼 때, 그러한 주장은 전혀 받아들일 수 없다. 왜 그럴까? 그것은 성경에 일관되게 계시된 하나님의 의도와는 다른 주장이기 때문이다. 즉 그들은 구약성경의 이스라엘과 신약성경의 교회를 민족적으로 다른 정도를 넘어 종교적으로도 다른 것으로 간주한다. 그러면서 서로를 완전히 배타적으로 보면서 다른 사람들도 그렇게 보도록 강요한다. 물론 이런 신학은 하나님께서 계획하시거나 승인하신 것이 결코 아니다. 이렇게 기독교와 유대교는 서로 확실히 분리된 종교라는 주장은 결국 기독교와 유대교 모두를 그 근본인 성경적 토대에서 완전히 벗어나게 하는 것이기에 잘못된 신학이라고 할 수밖에 없다. 어떤 의미에서 기독교는 예슈아 안에서 문화적 경계를 넘어서는 유대교이기 때문이다.

3. 성경적으로 심각한 문제를 야기하기에

복음주의와 관련, 이중 언약신학의 가장 큰 문제는 이스라엘이 메시아이신 예슈아 없이도 토라를 통해 하나님과 언약적 관계를 맺고 있다고 주장한다는 점이다. 이중 언약신학을 지지하는 많은 학자들은 "예슈아는 결국 이스라엘에 메시아 통치 시대를 가져오시지 않으셨다. 그래서 그분은 유대인을 위한 메시아가 아니다"라고 주장한다. 이런 주장은 바울이 주후 1세기에 하나님과 유대인들 간의 관계를 규정하고 변론했던 예슈아의 종교와는 별개인 '언약적 율법주의'(covenantal nomism)와 유사한 것이다.

언약신학은 구약성경은 물론 신약성경 전체의 가르침과도 완전히 반대되는 주장을 펼친다는데 근본적인 문제가 있다. 복음서들은 천사가 마리아와 요셉에게 수태고지를 한 것에서부터 골고다 십자가 위에 붙은 죄패에 이르기까지(마 1:21, 27:37, 막 15:26, 눅 23장, 38장) 시종일관 예슈아를 '이스라엘의 메시아'로 소개하고 있다. 더 나아가 예슈아의 승천 이후, 사도들은 예루살렘에서 "이스라엘은 하나님께서 예슈아를 주와 그리스도가 되게 하신 것과 천하 인간들 중에 구원을 받을 만한 다른 이름을 주신 일이 없다는 것 등을 반드시 알아야 한다"고 분명하게 선포했다. (행 4:12)

우리는 베드로가 산헤드린 공회에서 담대하게 외친 내용을 주목해야 한다.

또한 신약성경에는 하나님과 이스라엘 간의 언약들(아브라함 언약, 모세 언약, 다윗 언약, 새 언약)의 성취라는 관점에서 예슈아가 이스라엘의 메시아임을 선포하는 내용이 여러 번 나타나 있다.(마 1:21-22, 눅 2:11, 24:25-27, 요 7:42, 8:5-6, 행 3:25-26, 13:23, 롬 1-4, 갈 1:16 등) 그렇다. 미래의 이스라엘은 분명히 다윗의 자손, 메시아, 왕 그리고 하나님의 아들의 나라로서의 이스라엘이 될 것이다. 따라서 "이스라엘은 메시아이신 예슈아와 상관없이 옛 언약에 따라 하나님과 올바른 관계를 맺음으로 의를 획득할 수 있다"는 이중 언약신학의 주장은 한마디로 신약성경에 나타나는 기독교를 전면 부정한 것이라고 할 수 있다. 시간이 지나면서 미국의 주류 복음주의 기독교계에서는 이중 언약신학에 대한 문제점을 심각하게 인식하는 흐름이 이어졌다. 미국 장로교(PCA)는 제 20회 총회에서 '유대인 전도개관'이라는 결의를 통해 이중 언약신학을 강하게 비판하면서 로마서 1장 16절 말씀을 재 확언한다고 결의했다.

"내가 복음을 부끄러워하지 아니하노니 이 복음은 모든 믿는 자에게 구원을 주시는 하나님의 능력이 됨이라 먼저는 유대인에게요 그리고 헬라인에게로다"(롬 1:16)

제6장
성경해석학에서의 유대성 회복

제 6장 성경해석학에서의 유대성 회복

우리는 이제 성경은 이스라엘에게 개인적 미래는 물론 '국가적 미래'가 있다는 사실을 명백히 기록하고 있다는 사실을 알게 되었다. 구약성경뿐 아니라 신약성경도 마찬가지다. 성경은 창세기부터 요한계시록에 이르기까지 전체적으로, 구조적으로 일관되게 이스라엘의 국가적 미래를 증언하고 있다. 그렇다면 당연히 신론, 이스라엘론, 죄론, 그리스도론, 성령론, 교회론, 종말론, 예루살렘론 등도 이에 따라 체계가 정립되었어야 마땅하다. 정립되지 못했다면 반드시 재정립되어야 한다.

1. 기독교 신학의 유대성 상실

그러나 현실은 어떤가? 성경신학, 조직신학, 세계교회사 등에서 이스라엘의 국가적 미래를 부정하는 대체주의 신학이 뿌리 깊이 박혀 있다. 너무나 견고하고 구조적으로 박혀 있는 그것을 근본적으로 수정한다는 것은 지극히 어려운 작업임을 느낀다. 기독교 신학에서 선민 이스라엘을 본래의 자리로 되돌려놓기 위해선 단지 성경 몇 구절의 해석을 약간 바꾸는 정도가 아니라 성경을 보는 전체의 눈과 해석하는 관점과 방향, 방법을 전반적으로 수정해야 하기 때문이다.

그러기에 바로 이 지점에서 '이스라엘 신학'(Israel Theology)의 탄생이 요구될 수밖에 없는 것이다. 2017년 마틴 루터의 종교개혁 500주년을 전후해 국내외에서 16세기 종교개혁자들의 5대 강령이 수없이 강조되었다. 그중에서도 특히 '오직 믿음'(Sola Fide)과 함께 '오직 성경'(Sola Scriptura)이 교회 강단에서 더욱 외쳐졌다. 매년 10월 말의 종교개혁주간에는 각종 세미나와 컨퍼런스 등이 열린다. 그런데 아무리 '오직 성경'을 외쳐도 왜곡된 진리 속에서 성경을 볼 가능성이 높다. 성경은 다름 아닌 '이스라엘 민족'으로 시작되고, 진행되고, 마감되는데 정작 교회는 그 중요한 진리를 극히 일부를 제외하고는 제대로 알지 못하기 때문이다. 성경은 처음부터 끝까지 이스라엘의 중요성을 말해왔다. 성경에서는 이스라엘이라는 단어가 2336회 사용되었다. 사실 성경에서 이스라엘 자체와 역사, 관련된 사건을 제거하면 무엇이 남겠는가?

미국과 캐나다, 호주 등의 법정 증인 선서문은 다음과 같다.

"나는 진리, 온전한 진리 그리고 오직 진리에 근거해 전능하신 하나님께 맹세합니다."

세상 법정에서도 고백되는 '진리, 온전한 진리, 오직 진리'에는 분명히 이스라엘과 관련된 사항이 포함된다. 로마서 전반부 8개 장 안에는 분명히 하나님의 은혜의 복음인 진리가 포함되어 있다. 그 안에 공식처럼 요약된 4~5개의 영적 법칙들은 분명히 '진리'이다. 그러나 그것이 '온전한' 진리는 아니다. 그것만 받아들이고 다른 진리를 배제한다면 반쪽짜리 진리가 될 수도 있다는 말이다. 로마서 전체에서만 보더라도 온전한 진리는 '복음의 유대성'(the Jewishness of the Gospel)의 회복을 요구한다. 로마서에 있는 다섯 구절들만 보아도 그 사실을 알 수 있다.

"내가 복음을 부끄러워하지 아니하노니 이 복음은 모든 믿는 자에게 구원을 주시는 하나님의 능력이 됨이라 먼저는 유대인에게요 그리고 헬라인에게로다"(1:16)

"그런즉 유대인의 나음이 무엇이며 할례의 유익이 무엇이냐 범사에 많으니 우선은 그들이 하나님의 말씀을 맡았음이니라"(3:1-2)

"그러므로 내가 말하노니 하나님이 자기 백성을 버리셨느냐 그럴 수 없느니라 나도 이스라엘인이요 아브라함의 씨에서 난 자요 베냐민 지파라"(11:1)

"그 가지들을 향하여 자랑하지 말라 자랑할지라도 네가 뿌리를 보전하는 것이 아니요 뿌리가 너를 보전하는 것이니라"(11:18)

"저희가 기뻐서 하였거니와 또한 저희는 그들에게 빚진 자니 만일 이방인들이 그들의 영적인 것을 나눠 가졌으면 육적인 것으로 그들을 섬기는 것

이 마땅하니라"(15:27)

사실 이상의 다섯 구절의 로마서 말씀도 그 유대적(타나크적) 배경을 바로 알고 있으면 그만큼 그 말씀의 뜻이 더 정확하게 이해될 수 있다. 왜냐하면 바울은 이방인의 사도이면서도 철저한 유대인이기에 로마교회에 이 서신을 기록할 때에도 유대적 배경을 가지고 기록했기 때문이다.

우리는 예슈아를 믿은 후 한 번이라도 기독교와 복음이 철저하게 유대적 배경에 기초되어 형성됐으며 적어도 주후 4세기까지는 그런 복음과 기독교가 전파되며 소개되었다는 사실을 생각해 본 적이 있는가? 다음과 같은 하나님의 구속사에서 나타나는 열 개의 유대인의 위치를 생각한다면 복음의 유대성 회복은 더 이상 늦출 수 없는 절대적 과제임을 깨달을 것이다.

(1) 구약성경(타나크) 39권이 모두 유대인 저자에 의해 기록되었다.

(2) 예슈아께서는 유대인(유다지파 다윗의 후손)으로 태어나 사셨고, 유대인으로 죽으셨고, 유대인으로 부활 승천하셨고, 유대인으로 하나님 보좌 우편에 앉아계시다가 유대인으로 승천하셨던 감람산으로 재림하실 것이다.

(3) 애굽 피난을 제외한 복음서의 사건들은 이스라엘 땅에서 일어났다.

(4) 복음서에 등장한 사람들 중 90% 이상이 이스라엘 사람이었다.

(5) 신약성경 27권이 모두 유대인 저자에 의해 기록되었다. (누가가 예외로 간주될 수도 있으나 그는 유대교로 개종했다.)

(6) 교회를 세우고 복음을 전파한 주요 도구가 다 유대적인 것들이었다.

(7) 열두 명의 제자들이 모두 유대인이었다.

(8) 요한계시록에 기록된 새 하늘과 새 땅의 성에는 열두 지파의 이름이 기록되어 있다. (계 21:12b).

(9) 새 하늘과 새 땅의 기초 석에는 열두 사도의 이름이 기록되어 있다. (계 1:14b)

(10) 주후 397년(신약성경 27권이 정경으로 확정된 해)까지는 오직 타나크(구약성경)만이 공식 성경이었다.

이러한 복음의 유대적 배경과 관련, 데이비드 H. 스턴은 그의 책 '복음의 유대성 회복'에서 이렇게 강조했다.

"교회가 유대성을 회복하기 위해 모든 것을 다하지 않는다면 그 교회에는 핵심요소가 부족하다고 할 수 있다. 그럴 때에는 결과적으로 교회는 유대적 배경 가운데 주신 예슈아의 지상명령을 제대로 이행할 수 없고, 유대인들도 올바른 이방의 빛이 될 수 없다."

2. 성경해석학에서의 유대성 회복의 기초

따라서 이제부터라도 교회는 성경에 근거한 신학을 전개하기 위해 무엇보다도 먼저 복음의 유대성을 회복해야 한다. 그 바탕 위에서 다양한 신학을 구축해 우리의 신학이 온전한 신학이 되도록 해야 될 것이다. 다음 세 가지 관점은 복음의 유대성 회복을 위한 기본적 요소들이다.

첫째, 기독교는 유대적이다.
둘째, 반유대주의(antisemitism)는 기독교가 아니다.
셋째, 유대인 전도를 거부하거나 무시하는 것은 반유대주의이다.

여기서 성경과 이스라엘 간의 관계를 간단히 정리해본다.
이스라엘은 성경을 담는 '그릇'이며, 성경 내용이 가감 없이 통과되는 '창문'과도 같다. 예슈아 안에서 아브라함을 부르심으로 본격적으로 시작된 하나님의 구속사는 시내산에서 이스라엘을 제사장 나라로 구별해 부르심으로 구체적으로 전개되었다. 그러한 이스라엘의 역사는 성경시대부터 인류역사 종말까지 하나님과 맺은 7대 언약(창조, 아담, 노아, 아브라함, 모세, 다윗, 새 언약)의 성취로 이어질 것이다. 즉 이스라엘의 역사는 '하나님의 구원'이라는 관점에서 '수단의 특정성'("너로 말미암아")과 '장소의 구별성'("내가 네게 보여줄 땅"), '목표의 보편성'("모든 민족이 복을 얻을 때까지")이라는 삼중구도(창 12:1-3)로 그 역할과 사명이 '천년왕국'(계 20:1-6)때까지 지속되는 것이다. 그래서 "하나님께서 결코 자기 백성을 버리시지 않는다"는 이 말이 온전히 성립된다고 할 수 있다. 이것이 기존의 구약성서신학, 신약성서신학, 조직신학, 교회사, 선교학, 실천신학 등에 '이스라엘 신학'이 추가되어야 할 성경적 근거다.

그러나 앞으로 세월이 충분히 지나면 신학 체계의 근본적 변화가 일어날 것이다. 지금은 대부분의 신학이 대체주의적으로 이뤄졌기에 이스라엘 신학을 넣는다 해도 기존 여섯 분야 중의 하나에 포함된다. 그러나 앞으로 시간이 지나면서 '이스라엘의 회복'(롬 11:25-32)과 '한 새사람의 교리'(엡 2:11-22)가 여섯 분야의 신학 구조에 완전히 스며든다면 구태여 '이스라엘 신학'이라는 분야를 따로 둘 필요가 없어질 것이다. 이스라엘 신학은 성경 전체에 흐르는 중심 사항이기에 그것만 따로 분리해서 둘 수 없기 때문이다. 그러나 아직은 신학의 모든 분야에 대체주의가 깊이 자리 잡고 있기에 부득이 여섯 신학 분야에 '이스라엘 신학'을 더해 그 내용을 열심히 가르쳐야 할 것이다.

"온전한 진리는 복음의 유대성 회복을 요구한다"

– 데이비드 H. 스턴

제7장
비대체주의적(nonsupersessionism)
복음주의 신학의 관점들

제 7장 비대체주의적(nonsupersessionism) 복음주의 신학의 관점들

1. 신론(神論)

우리는 이 연구에서 이스라엘의 회복과 관련, 하나님은 먼저 '이스라엘의 하나님'이심을 전제하며 국가적 미래로서의 이스라엘에 대해 살펴보고자 한다. 그분은 이방인의 하나님이시기도 하지만 먼저는 이스라엘의 하나님이시다. 물론 하나님은 인류를 동일하고 평등하게 창조하셨다. 그러나 인류 창조 과정에서 아브라함과 그의 후손들(이삭과 야곱)을 축복하셨다. 또한 그들의 후손들을 통해 이방인들을 축복하시기 위해 먼저 이스라엘을 선택하셨다. (창 12:1-3)

따라서 어떤 의미에서는 하나님과 우리 이방인들 간의 관계는 그분이 이스라엘을 선택하신 것과는 또 다른 선택에 의해 이뤄진 것이다. 따라서 우리는 하나님의 속성에 대해 이야기할 때, 인간적으로 부정적 혹은 긍정적 방법을 사용하는 것이 아니라 그분이 시내산에서 모세에게 스스로를 계시하시고 묘사하신 것에 근거해야 한다.

"여호와께서 그의 앞으로 지나시며 선포하시되 여호와라 여호와라 자비롭고 은혜롭고 노하기를 더디하고 인자와 진실이 많은 하나님이라 인자를 천 대까지 베풀며 악과 과실과 죄를 용서하리라 그러나 벌을 면제하지는 아니하고 아버지의 악행을 자손 삼사 대까지 보응하리라"(출 34:6-7)

여기서 '인자와 진실'에 대해 강조한 것에 주목하라. 이것은 먼저 영원한 축복의 약속이 주어진 이스라엘 백성을 위한 좋은 소식이다. 하나님은 인자와 진실이 풍성하신 분이다. 우리는 그분이 자신의 말씀(약속)을 지키실 것이라고 믿어도 된다. 바로 이 하나님께서 2천 년 전에 다윗의 집에 육신을 입고 오셨고(눅 2:11) 자신의 은혜와 진리를 온전히 드러내셨다.(요 1:14) 요한복음 1장 14절은 은혜와 진리가 충만하심으로 성육신하신 예슈아를 강조하고 있다. 예슈아는 이스라엘의 남은 자와 함께 이방인들을 식사 교제에 받아들이신 분이시다.(마 8:11, 요 4:40 등)

우리가 하나님과 이스라엘 간의 관계를 진지하게 받아들이며 성경을 읽으면 하나님의 특별 섭리와 일반 섭리를 발견하게 된다. 하나님은 그러한 섭리 가운데 당신의 뜻에 따라 모든 일을 시행하신다.(마 20:15a) 특별 섭리는 일반 섭리에 우선한다. 하나님께서는 이스라엘 사람들이 가야할 길을 말하실 때에는 일반적인 방법보다는 특별한 방법을 사용하신다.(롬 9:18) 이스라엘의 하나님께서 메시아이신 예슈아 안에서 계시되는 것이야말로 특별 섭리적인 표현의 절정이라고 할 수 있다.

"예수께서 이르시되 내가 곧 길이요 진리요 생명이니 나로 말미암지 않고
는 아버지께로 올 자가 없느니라 너희가 나를 알았더라면 내 아버지도 알
았으리로다 이제부터는 너희가 그를 알았고 또 보았느니라"(요 14:6-7)

"내가 아버지 안에 거하고 아버지는 내 안에 계신 것을 네가 믿지 아니하
냐 내가 너희에게 이르는 말은 스스로 하는 것이 아니라 아버지께서 내 안
에 계셔서 그의 일을 하시는 것이라 내가 아버지 안에 거하고 아버지께서
내 안에 계심을 믿으라 그렇지 못하겠거든 행하는 그 일로 말미암아 나를
믿으라"(요 14:10-11)

그런데 이러한 이스라엘의 하나님에 대한 계시는 '삼위일체 하나
님(God in three persons)의 계시'라는 더 크고 복잡한 계시로 연결
된다.

"내가 아버지께 구하겠으니 그가 또 다른 보혜사를 너희에게 주사 영원토
록 너희와 함께 있게 하리니 그는 진리의 영이라 세상은 능히 그를 받지 못
하나니 이는 그를 보지도 못하고 알지도 못함이라 그러나 너희는 그를 아
나니 그는 너희와 함께 거하심이요 또 너희 속에 계시겠음이라"
(요 14:16-17)

이러한 이스라엘의 하나님의 삼위일체적인 계시는 자연히 축복의
통로(창 12:1-3)이자 제사장 국가(출 19:5-6)의 민족인 이스라엘이

갖는 배타적 특성으로 연결된다.

2. 이스라엘론

진실로 인류는 타락한 아담의 후손이기에 다함께 타락성의 뿌리인 원죄를 가진 것은 분명하다. 그럼에도 불구하고 하나님은 '아브라함과 이삭과 야곱의 언약'이라는 구분된 방법으로 인류를 '유대인과 이방인'으로 나누어 보신다. 하나님은 이스라엘 백성들에게 가나안 땅을 기업으로 누리게 하시겠다고 약속하셨다. 아니, 심지어 맹세하셨다. (시 105:9, 히 6:13-15) 또한 실제로 주셨다. 그래서 이스라엘이 축복의 통로 민족이 되게 하셨다. 그리고 그 땅에서 살면서 율법을 제대로 지키지 못하면 전 세계로 흩어버리시겠지만, 때가 되면 그 땅으로 다시 돌아오게 하겠다고 약속하셨다. 그 약속은 역사 속에서 그대로 이루어졌고, 또한 지금도 이루어지고 있고, 앞으로도 이루어질 것이다. (창 28:13-17, 신 30:3-4, 사 43:1-7, 렘 31:7-9, 겔 36:22-25, 호 1:10-11, 암 9:4-15, 슥 10:6-12 등)

> "구름이 땅을 덮음 같이 내 백성 이스라엘을 치러 오리라 곡아 끝 날에 내가
> 너를 이끌어다가 내 땅을 치게 하리니 이는 내가 너로 말미암아 이방 사람
> 의 눈앞에서 내 거룩함을 나타내어 그들이 다 나를 알게 하려 함이라"
> (겔 38:16)

"내가 만국을 모아 데리고 여호사밧 골짜기에 내려가서 내 백성 곧 내 기업
인 이스라엘을 위하여 거기에서 그들을 심문하리니 이는 그들이 이스라엘
을 나라들 가운데에 흩어 버리고 나의 땅을 나누었음이며"(욜 3:2)

이 두 구절에서 하나님은 이스라엘에 대하여 '내 백성'(My people)
이라고 세 차례 말씀하셨다. 또한 그들의 땅에 대해서는 두 번이나
'내 땅'(My land)이라고 하셨다. 이렇게 볼 때, 하나님께서는 무엇보
다 이방나라들에 의해 그 땅이 심각하게 도전받고, 나눠지는 것에 대
해 단호하게 심판하겠다고 강조하시는 것이다. 이스라엘 땅의 실제
소유주로서 하나님은 자신의 주권적인 선택에 의해 그 땅을 특별한
백성에게 주셨다. 즉 아브라함과 그의 후손 이스라엘에게 주신 것이
다. 이 정도로 하나님께서는 인류구속사에서 이스라엘 민족을 축복
의 통로와 제사장 국가라는 중심축으로 삼으셨다. 과거에도, 현재에
도, 미래에도, 천년왕국시대까지도….

심지어 성경은 종말에 지상에 이뤄질 새 예루살렘의 높은 성곽의
열 두문들 위에도 이스라엘 열두 지파의 이름이 기록되어 있고, 열
두 기초석 위에는 어린양 예슈아 그리스도의 열두 사도의 이름이 기
록되어 있음을 밝히고 있다.

"크고 높은 성곽이 있고 열두 문이 있는데 문에 열두 천사가 있고 그 문들
위에 이름을 썼으니 이스라엘 자손 열두 지파의 이름들이라; 그 성의 성곽
에는 열두 기초석이 있고 그 위에는 어린 양의 열두 사도의 열두 이름이 있

더라"(계 21:12, 14)

이와 같은 것들을 통해 우리가 깨닫게 되는 근본적인 사실은 무엇인가? 바로 창세기 12장 2-3절에 나타난 '수단의 특정성'(너로 말미암아)이라는 구속사의 대원칙은 결코 변하지 않는다는 사실이다.

"내가 너로 큰 민족을 이루고 네게 복을 주어 네 이름을 창대하게 하리니 너는 복이 될지라 너를 축복하는 자에게는 내가 복을 내리고 너를 저주하는 자에게는 내가 저주하리니 땅의 모든 족속이 너로 말미암아 복을 얻을 것이니라 하신지라"

바로 그러한 이유 때문에 예슈아를 바로 믿는 그리스도인이라면 아브라함의 씨인 이스라엘 민족을 축복하심으로 그 외의 다양한 민족들을 축복하시는 하나님의 구원 계획을 깨닫게 된다. 전 인류에게 풍성한 삶을 주시기 위해 하나님이 의도한 다양성에 주목해야 한다. 그러므로 우리가 하나님의 구원 계획을 바라 볼 때에는 그분의 의도된 인종적, 민족적 구분을 더 세심히 주의해서 봐야 한다. 바울은 로마서 11장 26-27절에서 분명히 "시온에서 구원자가 오실 때 그가 야곱(이스라엘)에게서 경건치 않은 것을 제거하실 것이고, 그 후에 '온(국가로서의) 이스라엘'은 구원을 얻을 것이다"라고 말했다. 그것은 결국 온 세상에 풍성함을 가져옴을 의미한다.

그렇다. 종말의 때, 이 세상의 풍성함이 단순히 하나님이 개인들에게 주는 직접적인 선물이 아니라, '이스라엘의 충만함으로부터 이뤄지는 중재적 결과'라는 사실을 기억해야 한다.

> "그들의 넘어짐이 세상의 풍성함이 되며 그들의 실패가 이방인의 풍성함이 되거든 하물며 그들의 충만함이리요"(롬 11:12)

이렇게 하나님께서 인류의 삶을 주권적으로 축복하시는 방법으로 '한 백성'(One People)을 선택하셨다. 그러므로 우리는 그 택하여진 한 백성인 이스라엘의 과거, 현재에 이은 미래의 역할에 대해 주목해야 하며 차제에 더욱 더 성경과 지나간 세계 역사, 급변하는 국제 시사 등을 통해 이에 대한 진지한 연구를 해야 할 필요가 있다. 반드시 그렇게 해야 하는 이유는 어디에 있는가? 이스라엘이 잠시 일부가 완고해져 있는 동안, 구원이 우리 이방인들에게 확장되었다. 뿐만 아니라 그런 사실들을 통해 이 지구상의 모든 이방인들에게 경고하고 교훈을 주며 선민에 대해 바르게 행동할 것을 강조하고 있기 때문이다.

> "그러므로 하나님의 인자하심과 준엄하심을 보라 넘어지는 자들에게는 준엄하심이 있으니 너희가 만일 하나님의 인자하심에 머물러 있으면 그 인자가 너희에게 있으리라 그렇지 않으면 너도 찍히는바 되리라 그들도 믿지아니하는 데 머무르지 아니하면 접붙임을 받으리니 이는 그들을 접붙이실 능력이 하나님께 있음이라 네가 원 돌 감람나무에서 찍힘을 받고 본성을

거슬러 좋은 감람나무에 접붙임을 받았으니 원 가지인 이 사람들이야 얼마나 더 자기 감람나무에 접붙이심을 받으랴"(롬 11:22-24)

이제 마지막 시대를 맞이해 모든 그리스도인들, 특별히 신학자, 목회자, 선교사, 평신도 지도자들은 그동안 교회가 1700여 년 동안 눈이 가려져 깨닫지 못하고 지내왔던 사실을 다시 되새겨야 한다. 즉 '재림의 관점에서 이스라엘과 그 백성은 인류의 삶을 축복하시려는 하나님에 의해 고유한 방법으로 택함 받은 특별한 민족'임을 깊이 깨달아야 하는 것이다. 그러나 물론 그렇다고 유대인들이 이방인들과는 달리 율법을 온전히 지켜 하나님의 구원이 필요 없는 의인이라는 것은 절대 아니다.

바울은 로마서 1장 18-32절에서는 주로 이방인들의 죄를, 2장 1-29절에서는 유대인의 죄를, 3장 9-18절에서는 전 인류의 죄를 거론했다. 그런 후에 3장 24-25절에서 그리스도 예수아 안에 있는 속량의 은혜를 언급했다. 이러한 바울의 언급은 무엇을 의미하는가? 이방인은 물론 복음을 먼저 받은 유대인도 모두 그리스도 예수아로 인한 속죄의 은혜가 필요한 다 같은 죄인이라는 것이다. 율법과 할례를 지킨 유대인이라고 해서, 이방인보다 구원의 복음이 덜 필요하다고는 결코 말할 수 없다. 오히려 그들은 특별한 민족이기에 그 사명 감당을 위해 더욱 속죄의 은혜가 필요하다. 그러기에 사도 바울은 로마서 서두에서부터 "먼저는 유대인에게요"(롬 1:16b)라고 말했다. 누가가 기록한 사도행전에서도 복음 전도를 위한 바울의 선교여정이 실제로 '먼저는 유대인에게'라는 원칙에 의해 진행된 것을 알 수 있다. (행 13:4~5,14,46, 14:1, 16:11-13, 17:1-2,10,16-17, 18:14, 19:1,8, 28:16-7)

3. 죄론

이방인들의 경우와 마찬가지로 선민 유대인들로 하여금 하나님의 진리를 보고서도 제대로 인식하지 못하도록 하는 것, 그럼으로써 진리에 대해 눈 멀게 하는 두꺼운 수건은 바로 '원죄'(Original Sin, 시 51:5, 롬 3:10-18)다. 이 원죄를 둘러싸고 있는 상태는 아주 원초적이다. 성경은 다음과 같이 지적한다.

> "다 치우쳐 함께 더러운 자가 되고 선을 행하는 자가 없으니 하나도 없도다"(시 14:3, 비교:롬 3:12)

이러한 가슴 아픈 말씀들이 거룩한 성경 도처에 기록되어 있는 것은 너무나 슬픈 일이 아닐 수 없다. 그러나 그것은 이방인들은 물론 선민이라고 자처하는 유대인들에게도 엄연한 현실이다. 이런 현실은 믿지 못하고, 사랑하지 못하고, 소망하지 못하고, 충성하지 못하고, 인내하지 못하고, 지혜롭게 생각하지 못하는 인생에 대한 슬픈 증언이라고 할 수밖에 없다. 그 사실을 깨달은 다윗은 다음과 같이 절규했다.

"내가 죄악 중에서 출생하였음이여 어머니가 죄 중에서 나를 잉태하였나이다"(시 51:5)

이 원죄를 해결할 치료법은 하나님께서 고안하시고 스스로 만드신 한 가지밖에 없다. 바로 그리스도 예슈아의 보혈의 은혜뿐이다.

"모든 사람이 죄를 범하였으매 하나님의 영광에 이르지 못하더니 그리스도 예수 안에 있는 속량으로 말미암아 하나님의 은혜로 값없이 의롭다 하심을 얻은 자 되었느니라"(롬 3:23-24)

"그리스도께서는 참 것의 그림자인 손으로 만든 성소에 들어가지 아니하시고 바로 그 하늘에 들어 가사 이제 우리를 위하여 하나님 앞에 나타나시고"(히 9:24)

하나님의 유월절 어린양이신 예슈아 그리스도의 영원한 언약의 보혈만이 만민(유대인과 이방인)의 죄를 대속 할 수 있다. (요 1:29) 그런데 이 보혈은 우리의 죄의 결과만이 아니라, 우리의 삶에 끼치는 죄의 능력까지도 처리할 수 있다. 이방인과 함께 유대인의 영적인 눈에 깊게 드리워진 그 두꺼운 수건의 첫째 층인 죄의 층이 벗겨지려면 다른 길이 없다. 그들에게 온전한 복음이 충만하게 전파되어야 한다. 인간적인 선(線)에서 구원받을 다른 길은 전혀 없다. 그래서 바울은 다음과 같이 선포했다.

"내가 복음을 부끄러워하지 아니하노니 이 복음은 모든 믿는 자에게 구원을 주시는 하나님의 능력이 됨이라 먼저는 유대인에게요 그리고 헬라인에게로다"(롬 1:16)

바울은 유대인들에게 구원을 위해 먼저 필요한 것은 '복음'임을 역설한 것이다. 베드로 역시 유대인들에게 다른 것이 아니라 오직 '복음'만을 전했다.

"그런즉 이스라엘 온 집은 확실히 알지니 너희가 십자가에 못 박은 이 예수를 하나님이 주와 그리스도가 되게 하셨느니라 하니라; 베드로가 이르되 너희가 회개하여 각각 예수 그리스도의 이름으로 세례를 받고 죄 사함을 받으라 그리하면 성령의 선물을 받으리니"(행 2:36,38)

"이 예수는 너희 건축자들의 버린 돌로서 집 모퉁이의 머릿돌이 되었느니라 다른 이로써는 구원을 받을 수 없나니 천하 사람 중에 구원을 받을 만한 다른 이름을 우리에게 주신 일이 없음이라 하였더라"(행 4:11-12)

우리의 죄성과 스스로를 도울 수 없는 완전한 절망을 전적으로 인정할 때, 우리는 비로소 메시아로부터 주어지는 '의롭다함'이라는 선물을 감사하게 받아들이게 될 것이다. 그럴 때 우리는 성령님을 선물로 받을 수 있고 위로부터 거듭나게 될 것이다. (행 2:38~39, 요 3:5) 이것은 유대인에게나 이방인에게나 동일한 사실이요, 진리인 것을 믿어야 한다. 따라서 우리는 유대 민족에게 복음을 전하는 것을 두려워하거나 주저하지 말아야 한다. 물론 그들에게 복음을 전하게 되면 역사적으로 이방 민족들에게 끊임없이 당한 고난과 핍박 때문에, 더구나 자신들의 모태인 유대교에서 출발한 이방 기독교회와 국가들로 인한 반대와 핍박 때문에 닫히고 굳어져 있는 그들의 마음을 오히려 더 상하게 할 수 있다. 그럼으로써 그들이 더욱 우리를 미워하게 될 수 있다. 그래서 우리 크리스천들은 그들에게 복음을 전하다가 낙심하며 포기하고 싶은 마음을 갖게 될 수 있다.

그러나 오직 진리의 복음, 즉 그들의 조상 중에 초기 기독교인들(메시아닉 쥬)이 하나님을 모른 채 우상을 숭배했던 우리 이방인들에게 사랑으로 전해준 복음만이 그들을 자유케 할 수 있다는 사실(요 8:32)을 기억하며 인내로써 그들에게 복음을 전해야 한다. 즉 그들이 2천 년 전에 자신들의 땅에 육신을 입고 오셨고, 지금은 성령님으로 우리 가운데 계시고, 머지않아 승천하실 때의 모습으로 다시 오실 그리스도 예슈아(행 1:11)께로 돌아갈 때만, 오랫동안 성경(타나크)을 읽어도 풀리지 않았던 그들의 완고한 마음이 풀어질 수 있다는 믿음(고후 3:12~18)을 갖고, 사랑으로 복음 자체이신 그리스도(메시아)를 증거해야 할 것이다,

우리는 이 막중한 일을 위해서 이제부터 적극적으로 주후 4세기에 로마의 콘스탄티누스 황제에 의해 본격적으로 시작되고, 아우구스티누스에 의해 신학적으로 체계화 된 대체신학적인 교리들을 바르게 수정해 나가기 위한 작업에 힘써야 한다.

따라서 다음 단계에서는 그리스도론이 성경적으로 어떻게 재정립되어야 하는지를 살펴볼 필요가 있다.

4. 그리스도(메시아)론

전통적인 그리스도론에 대한 대체주의 신학의 가장 분명한 영향 중의 하나는 그리스도인의 신앙고백에서 '예슈아는 유대인이시다'라는 사실을 지워버린 것이다. 기독교의 사도신경을 비롯한 위대한 신조들과 믿음의 고백들이 한결같이 단순히 그리스도의 인성(人性)에 대한 확인으로 만족하고, '예슈아는 유대인이시다'라는 점에 대해서는 침묵하고 있다는 사실은 정말로 놀라운 일이다. 성경을 자세히 읽어보면 구약은 말할 것도 없고, 신약에서도 메시아(예슈아)의 인성과 함께 그분의 '유대성'이 강조되어 있다. 뿐만 아니라 거기서 한 걸음 더 나아가 그 분은 유대인일 뿐만 아니라 그 중에서도 '다윗의 혈통'이라는 점까지 밝히고 있다. 바울은 로마서 1장에서 그 사실을 다음과 같이 기록했다.

> "예수 그리스도의 종 바울은 사도로 부르심을 받아 하나님의 복음을 위하여 택정함을 입었으니 이 복음은 하나님이 선지자들을 통하여 그의 아들에 관하여 성경에 미리 약속하신 것이라 그의 아들에 관하여 말하면 육신으로는 다윗의 혈통에서 나셨고 성결의 영으로는 죽은 자들 가운데서 부활하사 능력으로 하나님의 아들로 선포되셨으니 곧 우리 주 예수 그리스도시니

라"(롬 1:1-4)

이것이 바울이 로마서 1장 16절에서 "첫째는 유대인에게요 또한 헬라인에게"라고 말했던 복음이다. 디모데후서 2장 8절에서는 "내가 전한 복음대로 다윗의 씨로 죽은 자 가운데서 다시 살아나신 예수 그리스도를 기억하라"고 했다. 마태와 누가 또한 자신들이 기록한 복음서를 시작하면서 예슈아의 다윗의 혈통을 강조했다.

"아브라함과 다윗의 자손 예수 그리스도의 계보라"(마 1:1)

"그가 큰 자가 되고 지극히 높으신 이의 아들이라 일컬어질 것이요 주 하나님께서 그 조상 다윗의 왕위를 그에게 주시리니 영원히 야곱의 집을 왕으로 다스리실 것이며 그 나라가 무궁하리라"(눅 1:32-33)

이런 말씀들을 통해 우리는 '다윗의 혈통'이라는 점이 예슈아를 하나님의 아들로 여기는 신약성경을 이해하는데 얼마나 핵심적인 요소 중 하나인가를 알게 된다. 이것은 주님께서 '다윗의 후손'을 일으키실 것이며, 그를 통해 왕국을 세우겠다는 약속이 담긴 사무엘하 7장 14절의 "나는 그에게 아비가 되고, 그는 내게 아들이 되리니"라는 구절을 떠올리게 한다. 여기서 '하나님의 아들'은 무엇보다 먼저 '다윗에게 주신 약속의 성취'를 위한 언약적 용어다. 신약성경에는 모든 부분에서 이러한 '아들 됨'(Sonship)이 강조되어 있으며 그것을 통해

'더 큰 아들 됨'(히 1:1-2, 3:6, 4:6, 5:5)에 대한 계시를 풀어나간다.

　시편 72편을 보자. 여기서 "아브라함 안에서 모든 열방이 축복을 받을 것이다"고 말할 때, 아브라함의 약속을 '다윗 왕'에게 적용하고 있다. 즉 다윗 언약의 성취를 통해 '중재된 축복'(Mediated Blessing)이라는 아브라함의 언약 자체가 성립될 것임을 가리키고 있는 것이다. 한편 골로새서에서는 "그분 안에서 모든 것이 창조되었다"고 기록되어 있다. (골 1:15-17) 여기서 '그분 안에서'(in him)는 중재된 약속의 공식이다. 그러나 여기서는 '그'가 어떤 다윗의 후손보다 더 위대하다는 사실이 강조된다. 핵심은 무엇인가? 성육신(Incarnation)은 단지 하나님과 인간과의 연합만은 아니라는 것이다. 그것은 하나님의 아들이 '다윗의 집'에서 언약의 아들로서 육신을 입으셨다는 것을 뜻한다. 즉 인간의 관점에서 예슈아는 단순한 사람, 또는 일반적인 사람이 아니라는 것이다.

　그분은 하늘 아버지로부터 위대한 유산을 받으신 분이다. 또한 이스라엘을 위한 하나님의 계획에서 종말론적인 완성으로 펼쳐지는 미래를 소유한 다윗의 후손, 바로 '그 사람'(That Man)이다. 성육신하신 성자 하나님 안에서 그러한 약속들은 언제나 확실하고 분명하다.

　바울은 골로새서 1장 16절에서 만물이 그분 안에서 창조되었을 뿐 아니라 "하나님의 아들, 곧 아들이신 하나님께서 언약의 아들로서, 육신을 입은 다윗의 아들로서, 그를 위한 하나님 아버지로부터의 선물로서 창조되었다"고 말한다. 만약 하나님 아버지께서 만물을 그의 언약의 아들에게 주셨다면, 이는 그가 다름 아닌 바로 '아들 하나님'이시기 때문이다. 이것이야말로 이스라엘의 미래에 대한 약속이다. 어떻게 이스라엘의 미래가 이보다 더 안전할 수 있다고 생각할 수 있을까? 그렇다면 우리는 믿는 자로서 예슈아 그리스도를 생각할 때, 분명히 먼저 그분을 '이스라엘의 메시아'로서 생각해야만 하지 않겠는가?

즉 이스라엘에 대한 약속들은 히브리서 6장에서 말하는 것처럼 말씀과 맹세들에서뿐만 아니라 아버지께서 아들에게 주신 만물 안에서, 그리고 다윗의 아들 됨과 신적 아들 됨의 연합에 의해서도 보장된다. 이것이 예슈아만이 이스라엘, 그리고 이방인의 그 나라의 영광된 유업에 참여할 수 있는 유일한 길인 이유이다. 왜냐하면 사람들은 오직 그분 안에서만 하나님의 축복을 받을 수 있기 때문이다.

홀로코스트 이후 신학계가 예슈아의 유대성을 인정하도록 기독교계에 요청한 것은 옳았다. 그러나 '그분이 어떠한 유대인이셨는지'에 대한 신약성경의 메시지는 완전히 놓쳤다. "예슈아께서 그 왕국을 가져 오시지 않았기 때문에 예슈아는 메시아가 되실 수 없다"는 비판에 대해선 어떻게 생각해야 하는가? 홀로코스트 이후의 신학은 매우 빈약한 성경적 기반으로 인해, 이에 대한 제대로의 답을 할 수 없었고 그로 인해 넘어졌다.

그런데 신약성경을 자세히 살펴보면, 이스라엘 민족에게 아직 온전한 이스라엘 회복이 오지는 않았을지라도, 예슈아의 승천 이전과 이후의 사역을 통해 그 왕국이 시작됐음을 알 수 있다. (마 12:28, 눅 24:27, 행 28:20) 따라서 예슈아를 믿는 사람들은 이미 이 땅에 시작된 그 나라의 축복에 참여하고 있는 것이다. (행 2:43-47, 13:48, 요일 3:2-3, 계 1:9 등)

오늘날의 이스라엘, 즉 대부분의 믿음 없는 이스라엘 사람들은 예슈아를 그 옛날에 성전이 파괴될 것과 예루살렘 및 그 백성에 대한 심판이 곧 올 것을 예언하셨던 메시아로 바라볼 필요가 있다. (마 24:1-14) 사실 성전은 주후 70년부터 지금까지 황폐한 상태로 있었고 1900년이 넘게 이스라엘은 어떠한 정치적인 실체를 갖지 못했다. 1948년에 독립하기까지는 말이다. 따라서 우리는 이제부터라도 신약성경에 기록되어있는 '예언의 성취'라는 분명한 사실을 진지하게 인식해야 한다.

"보라 너희 집이 황폐하여 버려진바 되리라 내가 너희에게 이르노니 이제부터 너희는 찬송하리로다 주의 이름으로 오시는 이여 할 때까지 나를 보지 못하리라 하시니라"(마 23:38-39)

"그들이 칼날에 죽임을 당하며 모든 이방에 사로잡혀 가겠고 예루살렘은 이방인의 때가 차기까지 이방인들에게 밟히리라"(눅 21:24)

"무화과나무의 비유를 배우라 그 가지가 연하여지고 잎사귀를 내면 여름이 가까운 줄을 아나니 이와 같이 너희도 이 모든 일을 보거든 인자가 가까이

곧 문 앞에 이른 줄 알라"(마 24:32-33)

성경은 변함없이 예슈아의 사역에서 그 왕국의 능력과 평강이 나타난다는 것을 증거하고 있다. 또한 비록 그 시간이 드러나지 않았을지라도 예슈아는 이스라엘을 위한 그 왕국이 곧 도래할 것임을 가르쳤다고 기록하고 있다. (마 24:32-34) 그런데 그 시간과 때는 오직 아버지 하나님만이 아신다. (막 13:32, 행 1:7) 따라서 그것은 약속하신대로 반드시 올 것이다. 그리고 예슈아는 요나의 표적에 대한 구체적인 실행으로서 자신의 죽음과 부활사건을 또 다른 표적으로 우리에게 주셨다. (마 12:28-32, 눅 11:29-32) 이스라엘은 호세아서에 기록된 대로 예언적 관점에서 이 표적을 생각할 필요가 있다.

> "오라 우리가 여호와께로 돌아가자 여호와께서 우리를 찢으셨으나 도로 낫게 하실 것이요 우리를 치셨으나 싸매어 주실 것임이라 여호와께서 이틀 후에 우리를 살리시며 셋째 날에 우리를 일으키시리니 우리가 그의 앞에서 살리라 그러므로 우리가 여호와를 알자 힘써 여호와를 알자 그의 나타나심은 새벽 빛 같이 어김없나니 비와 같이, 땅을 적시는 늦은 비와 같이 우리에게 임하시리라 하니라"(호 6:1-3)

셋째 날에 다윗의 아들이 죽음에서 부활하신 것은 다치고 찢긴 시간이 지나면 주님께서 그 나라의 약속들에 대한 성취를 위해 그들을 일으키신다고 주신 보장이다. 그분께서 이스라엘을 위해 그것을 행하시는 것이 이방인들에게 무슨 의미가 있는가? 바울이 로마서 11장에서 말한 것과 같이 그것은 죽은 자가 살아나는 것을 의미할 것이다. 그렇다. 분명히 죽은 자가 다시 살아나는 것을 의미한다. (참고: 겔 37:1-28)

그런데 예슈아를 하나님의 아들이나 메시아로 고백하는 것은 이방인들은 물론 유대인들에게도 '성령님의 역사' 없이는 불가능하다.

"또 성령으로 아니하고는 누구든지 예수를 주시라 할 수 없느니라"

(고전 12:3b)

"만군의 여호와께서 말씀하시되 이는 힘으로 되지 아니하며 능력으로 되지

아니하고 오직 나의 영으로 되느니라"(슥 4:6b)

이제 다음 단계로 넘어가 '유대인들과 성령님의 역사'에 대한 성경 속의 계시를 살펴보고자 한다.

5. 성령론

많은 성경신학자들은 성령님께서 구약시대에 아브라함, 모세, 다윗, 이사야 등 선지자들 안에 '내주'하셨는지에 대한 논의를 지속해왔다. 어떤 사람들은 구약시대에 믿었던 사람들이 성령님으로 인해 거듭났는지에 대해서도 의문을 표하고 있다. 신약성경에 나오는 몇

몇 말씀들이 그러한 의문을 갖게 만들었다. 예를 들면 예슈아는 "나를 믿는 자는 성경에 이름과 같이 그 배에서 생수의 강이 흘러나오리라"고 말씀하셨다. (요 7:38) 사도 요한은 이에 대해 다음과 같이 설명했다.

> "이는 그를 믿는 자들이 받을 성령을 가리켜 말씀하신 것이라(예수께서 아직 영광을 받지 않으셨으므로 성령이 아직 그들에게 계시지 아니하시더라)"(요 7:39)

그리고 요한복음 14장에서 예슈아는 이렇게 약속하셨다.

> "내가 아버지께 구하겠으니 그가 또 다른 보혜사를 너희에게 주사 영원토록 너희와 함께 있게 하리니 그는 진리의 영이라 세상은 능히 그를 받지 못하나니 이는 그를 보지도 못하고 알지도 못함이라 그러나 너희는 그를 아나니 그는 너희와 함께 거하심이요 또 너희 속에 계시겠음이라"
> (요 14:16-17)

그러면 사도들은 구약시대에 하나님의 사람들이 비록 아브라함과 같은 믿음을 가지고 있다 하더라도 신약시대의 자기들과 같은 성령님의 내주의 은사와 능력을 가지지 못했기에 그렇게 말한 것인가? 이것은 우리가 제기할 수 있는 자연스러운 의문이요 질문이다. 성경적 관점에서 이에 대한 가장 적절한 대답은 이것이다. 성령님의 역사라는 관점에서 신약시대와 구약시대 간에 가장 크게 다른 점은 이것이다. 구약시대의 모든 믿는 이스라엘 사람들이 모두 예언자로서 부름을 받고 성령님의 권능을 받지는 않았지만, 신약시대의 모든 믿는 유대인이나 이방인 신자들은 모두 예언적 사역, 보다 정확하게 표현하자면 복음적인 예언사역을 위해 부름 받고 성령님의 권능을 받았다는 것이다.

구약시대에서는 비록 몇 사람들이 예언자로서 부름과 권능을 동시에 받았지만 대다수의 사람들은 예언적 영이 자신들에게 부어지지 않은 채로 아브라함과 같은 믿음을 가졌었다. 예를 들면 엘리야는 기름부음을 받고 권능을 받았다. 그러나 이스라엘 가운데 대부분의 많은 사람들은 그와 같은 부르심과 능력은 받지 않았다. (왕상 19:18) 엘리야는 하나님께 충성된 이스라엘 백성인 엘리사를 택해 그에게 특별한 부르심과 능력을 넘겨주었다. (왕상 19:16, 19:21, 참고:왕하 2장)

여기서 필자는 구약성경의 모든 믿는 자들도 성령님으로 말미암아 거듭났고, 성령님께서 그들의 삶 가운데 성화의 작업을 행하셨다고 주장한다. 그렇게 주장하는 근거 가운데 하나는 에스겔 선지자가 온 이스라엘 백성들이 그들 '안'에서 성령님의 성화를 얻게 될 날을 기대했기 때문이다.

"또 내 영을 너희 속에 두어 너희로 내 율례를 행하게 하리니 너희가 내 규례를 지켜 행할지라"(겔 36:27)

따라서 어떤 사람 '속'에 성령님께서 계시다는 것은 결코 구약시대의 예언자들에게 낯선 개념은 아니었다. 하나님께서는 그 시대에도 성령님이 자기 백성들의 삶 가운데에서 자신의 역사를 이루시기를 분명히 원하셨다. 그러면 문제는 어디에 있는가? 그분께 거역하는 삶을 살고, 그로 인해 이 세상에서 그분의 이름을 더럽힌 사람들에게 문제의 근원이 있다. 그들은 받은 은혜와 은사로 주님의 영광을 널리 드러내야 했지만 그러지 못했다. (참고:고후 3:17~18) 예언자 예레미야도 역시 하나님께서 자신의 백성이 살도록 원하신 그대로 이스라엘 백성들이 살게 될 날을 기대했다.

> "그들이 다시는 각기 이웃과 형제를 가리켜 이르기를 너는 여호와를 알라 하지 아니하리니 이는 작은 자로부터 큰 자까지 다 나를 알기 때문이라 내가 그들의 악행을 사하고 다시는 그 죄를 기억하지 아니하리라 여호와의 말씀이니라"(렘 31:34)

여기서 예레미야는 "온 이스라엘이 여호와를 알지 못한다"고 말하는 것이 아니다. "선택된 언약의 백성들 중에서 너무나 많은 사람들이 여호와를 모른다"고 말하는 것이다. 그러나 때가 되면 '새 언약'이 이루어 질 것이다.

> "그러나 그 날 후에 내가 이스라엘 집과 맺을 언약은 이러하니 곧 내가 나의 법을 그들의 속에 두며 그들의 마음에 기록하여 나는 그들의 하나님이 되

고 그들은 내 백성이 될 것이라 여호와의 말씀이니라"(렘 31:33)

때가 되면 이 언약에 속한 모든 사람들이 분명히 여호와를 알게 될 것이다. 하나님의 법이 그들의 마음에 기록되어 있지 않다면 그들은 처음부터 이 언약 공동체의 일원이 되지 못할 것이다. 에스겔은 또 이렇게 대언한다.

"또 내 영을 너희 속에 두어 너희로 내 율례를 행하게 하리니 너희가 내 규례를 지켜 행할지라"(겔 36:27)

에스겔이 받은 성령님의 감동에 따르면 그들은 자기들 '안'에 계신 성령님으로 인해서 거룩해질 것이다. 성령님께서 그들 마음 '안'으로 들어가셔서 하나님의 율례와 규례를 지켜 행하게 하시지 않으면 그들은 믿음 공동체의 일원이 될 수 없다. 이제 새 언약의 날에는 이러한 요소들이 믿음의 공동체를 정의하고 그 범위를 정하게 될 것이다.

요약해보자. 고대 이스라엘에서 예언적 부르심을 받고, 그 부르심을 이루기 위해 성령님의 권능을 받았던 사람들은 선택된 소수였다. 그러나 신약시대의 교회에서는 더 이상 그렇지 않다. 그리스도 예슈아의 십자가 은혜로 구원받은 사람들의 모임인 교회(믿음의 공동체)에 속한 모든 구성원들은(유대인들은 물론 이방인들도) 다 함께 위대한 주님의 선교 명령(마 28:18~20, 행 1:8, 11:19~21)과 이를 수행할 수 있는 능력을 받았고, 또한 받게 되는 것이다. (행 1:8, 2:38, 10:44-48)

구약의 예언자들과 신약의 교회를 가장 직접적이고 즉각적으로 연결해 주는 고리는 무엇보다도 성령님(하나님의 영)의 예언적 능력이다. 그 대표적인 경우가 요엘 2장이다. 이 요엘 2장이 사도행전 2장의 오순절에 있었던 교회의 탄생에서 분명하게 인용되었다. 실제로 그날의 성령 충만의 역사는 구약시대 예언자들의 사역이 드디어 교회의 사역으로 연결되고 계승되었음을 최초로 가장 극명하게 보여준 획기적인 사건이었다. 이렇게 해서 신약시대의 교회는(유대인이건, 이방인이건) '예언적 성령님'(Prophecy Holy Spirit)을 받게 되었다. 이제 모든 지체들은 사악하고 타락한 세대 가운데서도 진정한 예언자로 살아가며 섬길 수 있게 되었다.

따라서 우리 모두가 성령님 안에서 함께 예언자적 삶을 살도록 부르심을 받은 것이다. 이러한 근거로 어떤 의미에서 교회의 복음 전파를 이해하고 설명할 수 있는 한 가지 방법은 그것을 '구약성경의 예언자적 기름 부으심의 연속'으로 바라보는 것이다.

예슈아를 메시아와 구세주로 받아들이는 것은 또한 성령님을 받아들이는 것이다. (고전 12:3b) 그리고 성령님을 받아들이기 위해서는 이 세상에서 '첫째는 유대인에게, 그리고 헬라인에게'란 말의 대변인이 되어야 한다. 왜냐하면 사도 바울이 로마서 서두(1:16)에서 "복음은 모든 믿는 자에게 구원을 주시는 하나님의 능력"이라고 하

면서 그것이 전해지는 적절한 순서와 관련, "먼저는 유대인에게"라
고 했기 때문이다(2장 9절 하반부와 10절 하반부에도 "먼저는 유대
인에게"가 나옴).

> "내가 복음을 부끄러워하지 아니하노니 이 복음은 모든 믿는 자에게 구원
>
> 을 주시는 하나님의 능력이 됨이라 먼저는 유대인에게요 그리고 헬라인에
>
> 게로다"(롬 1:16)

그런데 여기서 지배적 동사 '…이다'(is)를 의미하는 헬라어 '에스
틴'은 현재적으로 지속적 행동을 강조하는 동사다. 그런데 '에스틴'
은 '복음이 하나님의 능력'이라는 것과 함께 '복음이 먼저 유대인에게
전해져야 한다'는 것까지를 지배하는 동사다. 따라서 '복음이 먼저는
유대인에게요'라는 것은 바울 당시에만 해당되는 시간적(역사적) 개
념이 아니고, 항상 그래야하는 절차적이고 원칙적인 개념이다.

이 개념은 로마서와 함께 '성령행전'이라고 불리는 사도행전의 흐
름이기도 하다. (13:4-5,46a, 14:1, 16:11-13, 17:1-2,10,16-17, 18:1,4,
19:1,8, 28:6-7) 괄호 속의 사도행전 구절에서 그 사실을 확인할 수
있다. 즉 바울 일행은 이방 지역을 다니며 복음을 전할 때 지속적으
로 유대인의 반대와 핍박을 받았지만, 이방인들에게 복음을 전하기
전에 먼저 유대인들에게 복음을 전한 것이다. 그런 행동은 단순히
바울이 계획하고 의도한 것이 아니라 성령님께서 바울을 그렇게 인
도하신 결과라고 할 수 있다. 사도행전은 28장까지 밖에 없지만 만

약 29장이 있었다면 어떻게 되었을까? 필자의 추측으로는 바울 일행이 방문하는 새로운 도시에서도 여전히 먼저 유대인들에게 복음을 전했을 것이다. 그가 비록 이방인의 사도로 부름받았을지라도.

6. 교회론

믿는 이방인들이 진실로 '이스라엘은 결코 자신들을 버리시지 않는 하나님의 계획 안에서 분명한 미래를 가지고 있다'는 사실을 깨닫게 될 때, 우리가 '대체주의적 교회론'을 제거해 버려야 하는 이유가 분명해진다. 신약성경을 다시 읽어 보라. 거기에서는 구약시대의 이스라엘과 신약시대의 교회를 비교하고 있으며 이스라엘에 대한 언약들을 통해 언약적인 교회와 하나님과의 관계를 분명히 말하고 있다. 따라서 우리는 "하나님께서는 예슈아를 죽인 민족인 이스라엘을 버리시고 대신 '교회'를 '새 이스라엘'로 대체하셨다"는 대체주의적 교회론을 근본적으로 수정해야 한다. 이스라엘을 단순히 교회의 대체물로 여기는 대체주의자들의 환원주의(Reductionism)을 피해야 하는 것이다.

그러한 대체주의적인 관점은 이방인 그리스도인들로 하여금 바울이 경고했던 부적절한 자긍심(롬 11:17~18)에 빠지게 할 뿐만 아니라 다른 두 가지의 심각한 영향을 미치게 한다. 첫째, 성경에 계시된 하나님의 계획에서의 교회에 대한 이해를 빈약하게 한다. 둘째, 교회의 진정한 정체성을 왜곡시킨다.

교회론과 관련해 하나님께서 이스라엘을 버리시지 않으셨다는 증거를 로마서 10장을 통해서 확인할 수 있다.

"그러나 내가 말하노니 이스라엘이 알지 못하였느냐 먼저 모세가 이르되 내가 백성 아닌 자로써 너희를 시기하게 하며 미련한 백성으로써 너희를 노엽게 하리라"(롬 10:19, 비교:신 32:21)

여기서 바울은 신명기의 노래를 복음을 받아들이지 못한 이스라엘에 적용시키면서 처음으로 '질투케 하는 것'에 대해 언급한다. 즉 바울은 '백성 아닌 자'라고 이야기하면서 그가 항상 복수로 사용했던 '이방인들', 즉 '열방'을 염두에 두지 않는다. 그의 신명기 인용은 앞서 로마서 9장에서 호세아 1장 10절을 인용한 것을 떠올리게 한다.

"호세아의 글에도 이르기를 내가 내 백성 아닌 자를 내 백성이라, 사랑하지 아니한 자를 사랑한 자라 부르리라 너희는 내 백성이 아니라 한 그곳에서 그들이 살아 계신 하나님의 아들이라 일컬음을 받으리라 함과 같으리라 또 이사야가 이스라엘에 관하여 외치되 이스라엘 자손들의 수가 비록 바다의 모래 같을지라도"(롬 9:25~27, 비교:호2:23).

이 구절 바로 앞에 나오는 말씀의 맥락에서 볼 때, 바울이 말하는 '백성 아닌 자'(those who are not a nation)는 단순히 예슈아를 잘 믿는 이방인 그리스도인들을 가리키는 말이 아니라 '하나님의 말씀을 통해 함께 예슈아 안에서 새로 지음을 받은 유대인과 이방인으로 구성된 하나님의 새로운 백성'을 의미한다. 즉, 바울이 로마서 10장 19절에서 '백성 아닌 자'를 '미련한 백성'(a nation that has no understanding)이라고 말할 때, 그것은 결코 예슈아를 믿는 이방인들만을 묘사하는 것이 아니라 '복음에 부름 받은 경건치 못한 유대인과 이방인들'을 함께 지칭하는 것이다. 사실 바울이 여기서 '백성 아닌 자'나 '미련한 백성'이라고 지칭한 대상은 그가 로마서 초반에서 인용한 시편 말씀에 나오는 대상과 동일한 것으로 보인다.

> "기록된 바 의인은 없나니 하나도 없으며, 깨닫는 자도 없고 하나님을 찾는
> 자도 없고"(롬 3:10, 비교:시 14:1-2)

이렇게 볼 때 여기서 선민 이스라엘 백성들을 질투 나게 하는 것은 결코 단순히 '이방 교회'가 아니라는 것을 알 수 있다. 바울은 세상에 그러한 공동체 자체가 없다는 것을 처음부터 알고 있었다. 다만 이미 복음으로 부름을 받았고, 아무 것도 없는 것에서 창조된 '하나님의 종말론적인 백성'(유대인이건 이방인이건 상관없이 연합된)이 이스라엘 백성들의 질투를 유발할 것이라는 것을 알고 말한 것이다. 바울은 이스라엘의 실패가 이방인들을 의롭다함으로 이끌게 될 것이라는 역설을 놓치지 않았다. (롬 9:3-33)

그러나 바울은 그러한 이방인들의 개종을 단순히 이방인들이 그들만으로 새로운 하나님의 백성의 단체를 구성하는 것이 아니라 '이

미 존재해 있는 참 이스라엘 안으로 영입되는 것'으로 간주했다.

"그 때에 너희는 그리스도 밖에 있었고 이스라엘 나라 밖의 사람이라 약속
의 언약들에 대하여는 외인이요 세상에서 소망이 없고 하나님도 없는 자이
더니 이제는 전에 멀리 있던 너희가 그리스도 예수 안에서 그리스도의 피
로 가까워졌느니라"(엡 2:12-13)

"또 한 가지 얼마가 꺾이었는데 돌 감람나무인 네가 그들 중에 접붙임이 되
어 참 감람나무 뿌리의 진액을 함께 받는 자가 되었은즉"(롬 11:17)

이렇게 볼 때 교회는 결코 이방 그리스도인들만으로 구성되어 이
스라엘을 대체하는 그런 집단이 아니다. 오히려 예슈아를 믿게 된
이방 그리스도인들이 선민 공동체인 이스라엘에 편입하게 되는 새
로운 하나님 백성의 공동체인 것이다. 다시 확인하자. 바울 당시 예
슈아를 거부한 대부분의 이스라엘 백성들을 시기 나게 한 것은 단
순히 이방인들로만 구성된 단체가 아니다. 교회는 오순절에 성령
님의 역사로 탄생한 그때부터 현재까지 그리스도 예슈아 안에서 한
몸을 이루고 있는 '유대인과 이방인의 연합으로 구성된 믿음의 공동
체'이다.

"법조문으로 된 계명의 율법을 폐하셨으니 이는 이 둘로 자기 안에서 한 새
사람을 지어 화평하게 하시고"(엡 2:15)

그런데 어떤 사람들은 유대인과 헬라인 간에 차별이 없으며(롬 3:22), 유대인이나 헬라인이 하나이며(갈 3:28), 예슈아께서 그 막힌 담을 허시고 원수된 것을 폐하셔서 그들로 하여금 '한 새 사람'이 되게 하셨다(엡 2:14-18)는 바울의 말을 언급하며 특정한 종류의 유대성을 보존하는 것을 거부할 수 있다고 말한다. 그러나 바울이 "차별이 없다"고 말했을 때, 그것은 근본적으로 '죄'와 '속죄', '성령님의 약속된 축복' 등을 의미한다는 점을 깊이 깨달아야 한다.

물론 메시아 안에서는 부활과 축복, 성령님의 은사가 남자와 여자에게 차별 없이 주어진다. 그러나 그렇다고 해서 남자와 여자의 구원론적인 평등이 자웅동주(雌雄同株·암꽃과 수꽃이 한 그루에 피는 것)의 양성(兩性·androgyny)으로 이끄는 것은 아니다. 즉 '모든 신자들이 그리스도 예슈아로 인해 동일한 구원을 받았기에 그로 인해 우리의 개성(남자와 여자, 나와 남)도 이제 구분할 수 없게 되었다'는 뜻은 아니라는 것이다. 마찬가지로 분명히 메시아 예슈아 안에서 유대인과 이방인이 구원을 동일하게 받는 것은 사실이지만, 그렇다고 해서 유대인과 이방인의 구분까지 사라지는 것은 아니다. (행 15:15-18)

따라서 유대인과 이방인 신자들이 한편으로는 은혜를 받는 점에서는 차별이 없다는 바울의 가르침과 다른 한편으로는 이스라엘과 이방인을 구분해서 제시하는 바울의 종말론적 기대가 서로 모순되지 않는다는 것을 알아야 한다. (계 1:6-7) 그리고 만일 교회 안의 우리가 어떻게 그 둘(유대인과 이방인)이 함께 어울릴 수 있는 지를 이해할 수 있다면 다음 단계가 가능하다. 바로 우리가 어떻게 유대인을 유대인으로서, 그리고 이방인을 이방인으로서 '차별이 없는 구원의 축복과 성령님을 통한 성화 안에서 함께 진정으로 교제할 수 있는지'를 이해할 수 있는 기반을 가지게 되는 것이다. (행 15:28-31)

> "그는 우리의 화평이신지라 둘로 하나를 만드사 원수 된 것 곧 중간에 막힌 담을 자기 육체로 허시고 법조문으로 된 계명의 율법을 폐하셨으니 이는 이 둘로 자기 안에서 한 새 사람을 지어 화평하게 하시고 또 십자가로 이둘을 한 몸으로 하나님과 화목하게 하려 하심이라 원수된 것을 십자가로 소멸하시고 또 오셔서 먼 데 있는 너희에게 평안을 전하시고 가까운 데 있는 자들에게 평안을 전하셨으니 이는 그로 말미암아 우리 둘이 한 성령 안에서 아버지께 나아감을 얻게 하려 하심이라 그러므로 이제부터 너희는 외인도 아니요 나그네도 아니요 오직 성도들과 동일한 시민이요 하나님의 권속이라 너희는 사도들과 선지자들의 터 위에 세우심을 입은 자라 그리스도 예수께서 친히 모퉁잇돌이 되셨느니라 그의 안에서 건물마다 서로 연결하여 주 안에서 성전이 되어 가고 너희도 성령 안에서 하나님이 거하실 처소가 되기 위하여 그리스도 예수 안에서 함께 지어져 가느니라"(엡 2:14-22)

많은 경건한 성경학자들은 1948년의 이스라엘의 독립사건을 예슈아의 무화과나무 비유(마 24:32-33)의 성취로서 주님의 재림이 임박한 신호탄이라고 해석한다. 또한 1967년의 '6일 전쟁' 결과로 이스라엘이 2600여 년 만에 예루살렘을 되찾은 것을 누가복음 21장 말씀의 성취라고 해석한다.

> "그들이 칼날에 죽임을 당하며 모든 이방에 사로잡혀 가겠고 예루살렘은 이방인의 때가 차기까지 이방인들에게 밟히리라"(눅 21:24)

이러한 역사 속에서 결정적으로 예언이 성취된 사건들은 여러 가지 중요한 영적인 사실을 깨우쳐 주면서 구원역사에 있어 '시간성'과 함께 '공간성'도 중요하다는 것을 알려준다. 따라서 우리는 이제 땅으로서 예루살렘의 구체적 미래를 성경을 통해 검토하고자 한다.

7. 예루살렘론

(1) 예루살렘(Jerusalem)의 미래

예루살렘(혹은 '시온')은 역사적, 성경적, 종교적인 중심으로 유대인들은 물론 기독교인들도 신앙의 뿌리로 여기는 곳이다. 물론 단순히 '시온-예루살렘'이라는 지리적인 면에서만이 아니라 거기에 담긴 신학적 함의가 그렇다는 것이다. 그럼에도 불구하고 역사적으로 교회는 과거로부터 현대에 이르기까지 그 뿌리로부터 '시온-예루살렘'에 대한 신학적 이해를 하기 보다는 너무나 쉽게 그것을 '교회'로 대체(Replacement)하며 은혜만을 받기에 급급해왔던 것이 엄연한 사실이다. 비근한 예를 들면, 한 주석서는 시온 시 중 한편인 시편 48편의 주제를 '하나님이 함께 하셔야 할 우리의 교회'로 적시하고 있다. **(BKC 강해주석, '시편 2, 어떻게 설교할 것인가?', 2008, 두란노아카데미)** 이는 시온(예루살렘)을 너무 급작스럽게 교회로 비약하는 하나의 예일 뿐이다.

그러나 우리가 예루살렘을 '전체 성경'(Tota Scriptura)의 관점에서 다시 고찰하고 연구한다면 구약은 물론 신약에서도 시온은 전혀 교회가 아니며, 예루살렘 역시 결코 교회가 아님을 발견할 수 있을 것이다. 물론 교회가 시온의 축복을 받았고 예루살렘과 깊은 관련성이 있는 것은 분명하다. 그러나 역사 속에서 시온은 시온으로, 예루살렘은 예루살렘으로, 교회는 교회로 존재해 왔다. 그러면서 예루살렘은 교회와 깊은 관련을 가지면서도 그것과는 구별되는 고유한 정체성과 역할을 지닌 채, 성경 속에 등장하며 역사 속에서 존재하고 있다.

그러나 하나님의 역사적 시각과 그분의 계획은 우리의 관점과 도전(비록 우리의 관점과 도전이 현대적 상상력이란 측면에서 가장 창조적인 것이라 할지라도)보다 훨씬 위대하다. 불만스럽고 고통스러운 일련의 협상안으로 문제를 해결하는 것 대신 하나님의 계획을 따라야 한다. 예루살렘을 향한 하나님의 계획은 '이 도시를 하나의 연합된 도시로 만드는 것'이다. 결국 하나님은 예루살렘에서 서로 대치하며 나눠진 유대인들과 아랍인들을 하나님 자신의 시간에 새로운 온전한 사람들로 만들어 서로 화목하게 하실 것이다. (사 19:23-25, 엡 2:15). 현재 예루살렘에서 일어나고 있는 사건들을 바라볼 때, 그런 일이 이뤄지는 것은 거의 불가능해 보인다. 그러나 하나님이 함께 하신다면 하나님의 때에 모든 일이 가능하다!

하나님의 말씀은 성취되지 않은 채 하나님께로 되돌아가는 것이 아니다. 하나님은 자신이 목적하신 바를 반드시 성취하실 것이다.(사 55:11) 인간의 계획들은 불화와 다툼만을 야기하지만 하나님의 계획들은 반드시 온 열방에 축복을 가져다 줄 수 있도록 설계되어 있다. 지금은 침묵할 때가 아니다. 지금은 예루살렘을 향해 하나님과 연합된 마음을 가진 파수꾼들이 일어나 강력하게 연합된 중보적 기도를 드리고 경배하며 나아가야 할 때다.

이사야 62장 1절에서 하나님은 "예루살렘의 구원이 마침내 횃불같이 나타날 것"이라고 말씀하고 계신다. 스가랴 12장 6절에서는 유다의 지도자들을 "나무 가운데에 화로 같게 하시며, 곡식 단 사이에 횃불 같게 할 것"이라고 말씀하신다. 따라서 지난 수천 년간 올려 드려진 예루살렘의 평화를 위한 기도의 향로에 우리의 기도도 대접 가득 채워질 것이다. 그 기도의 대접은 그분의 선민 이스라엘의 수도, 그분의 나라의 영원한 수도인 예루살렘에서 예슈아 그리스도께 드려질 것이다.

성경을 주의 깊게 읽고, 성경적으로 역사를 해석함으로써 우리는 하나님의 계획 속에 있는 예루살렘의 중요성에 대해 보다 깊이 이해할 수 있다. 이사야 62장 2절에는 "이방 나라들이 예루살렘의 공의를 볼 것이며 예루살렘은 여호와의 입으로 정하실 새 이름으로 일컬음이 될 것"이라는 약속이 나온다.

"이방 나라들이 네 공의를, 뭇 왕이 다 네 영광을 볼 것이요 너는 여호와의 입으로 정하실 새 이름으로 일컬음이 될 것이며"(사 62:2)

여기서 우리는 역사 속에서 예루살렘에서 일어났던 사건들을 이해해야 한다. 모든 역사는 결국 하나님의 거룩하고 영원한 새 예루살렘(하나님과 구속받은 성도들이 영원히 함께 거할 천국에서 이 땅에 내려온 우리의 집, 즉 새 하늘과 새 땅)을 위한 그분의 궁극적인 약속과 목적을 성취하기 위한 도구였다는 사실을 인식할 필요가 있다.

우리가 예루살렘을 사랑한다는 것은 예루살렘의 메시아인 예슈아를 우리의 모든 알파와 오메가로 삼고 그분을 최우선으로 사랑하는 것을 의미한다. 왜냐하면 예루살렘의 모든 것은 바로 왕이신 예슈아에 대한 것을 묘사하기 때문이다. 이사야 62장 4-5절은 그 사실을 성경에서 가장 잘 표현한 구절이다.

"다시는 너를 버림받은 자라 부르지 아니하며 다시는 네 땅을 황무지라 부르지 아니하고 오직 너를 헵시바라 하며 네 땅을 쁄라라 하리니 이는 여호와께서 너를 기뻐하실 것이며 네 땅이 결혼한 것처럼 될 것임이라 마치 청년이 처녀와 결혼함 같이 네 아들들이 너를 취하겠고 신랑이 신부를 기뻐함 같이 네 하나님이 너를 기뻐하시리라"(사 62:4-5)

우리가 만일 하나님을 올바르게 알지 못한 가운데 사랑한다면, 결코 그분이 사랑하시는 도시 예루살렘과 그분의 백성인 이스라엘에 대한 하나님의 사랑과 긍휼의 깊은 마음을 가질 수 없을 것이다. 따라서 우리는 초대교회의 믿는 이방인 성도들처럼 '헵시바, 뿔라'의 마음으로 하나님과 이스라엘을 올바르게 사랑해야 할 것이다.

(2) 천년왕국(Millennium)의 수도로서의 예루살렘

이스라엘의 민족적·지리적·역사적인 위치를 인정, 지금의 이스라엘의 육적·영적인 회복을 예언의 성취로 믿는 신학자들은 인류 역사와 구속사의 종말인 '천년왕국'(계 20:1~6)에 있어서도 하나님의 선민 이스라엘이 중심적 역할을 할 것이라고 주장한다. 즉 아브라함을 부르심으로 시작된 이스라엘의 역사는 성경시대로부터 인류역사의 종말까지 7대 언약(창조, 아담, 노아, 아브라함, 모세, 다윗, 새 언약)에 기초한 하나님의 구원역사에 있어서 '수단의 특정성'(너로 말미암아)과 '장소의 구별성'(네게 보여줄 땅)과 '목표의 보편성'(모든 족속이 복을 얻을 것이라)이라는 3중 구도(창 12:1-3) 속에서 그 중심적 역할이 지속된다. 이 같은 성경적 근거에 따라 선민 이스라엘은 천년왕국에서도 그 중심적 역할을 한다는 것이 이들 신학자들의 주장이다.

예루살렘에서부터 시작된 복음은 수평적으로 움직여 열방으로 퍼져나갔다. 이제 그 복음은 다시 예루살렘으로 전해져 예슈아께서 다시 오실 때, 예루살렘을 중심으로 천년왕국의 통치가 시작될 것이다.

"예루살렘을 치러 왔던 이방 나라들 중에 남은 자가 해마다 올라와서 그 왕 만군의 여호와께 경배하며 초막절을 지킬 것이라"(슥 14:16)

그리고 그곳에서부터 여호와의 말씀이 온 세계로 충만하게 전파되어 온전한 영광이 하나님께 돌아갈 것이다.

"말일에 여호와의 전의 산이 모든 산꼭대기에 굳게 설 것이요 모든 작은 산 위에 뛰어나리니 만방이 그리로 모여들 것이라 많은 백성이 가며 이르기를 오라 우리가 여호와의 산에 오르며 야곱의 하나님의 전에 이르자 그가 그의 길을 우리에게 가르치실 것이라 우리가 그 길로 행하리라 하리니 이는 율법이 시온에서부터 나올 것이요 여호와의 말씀이 예루살렘에서부터 나올 것임이니라"(사 2:2~3)

"내 거룩한 산 모든 곳에서 해 됨도 없고 상함도 없을 것이니 이는 물이 바다를 덮음 같이 여호와를 아는 지식이 세상에 충만할 것임이니라"(사 11:9)

"이는 물이 바다를 덮음 같이 여호와의 영광을 인정하는 것이 세상에 가득함이니라"(합 2:14)

(3) 천년왕국 안에서의 이스라엘의 위치

천년왕국 안에서 이스라엘의 위치는 하나님의 은혜와 예언의 성취에 의해 명료하게 보일 것이다. 그때에는 이스라엘 전역에서 민족적 회심이 있을 것이고, 이스라엘은 교회의 멤버로서 하나님의 구원 안으로 들어갈 것이다. 그러므로 우리는 왕이신 예수님이 오실 곳이자 그 왕이 세상을 다스리실 곳으로서 이스라엘의 위치를 이해해야 한다. 만일 우리가 성경을 올바르게 읽는다면 이스라엘이 이 세계의 역사에서 중요한 역할을 하게 될 것임을 알게 될 것이다. 그들은 마지막에 모일 것이다. 메시야가 오실 것이다. 그는 유대인의 왕이 될 것이다. 그리고 영광스럽게 그의 민족을 통치하실 것이다. 그는 이 땅에 다시 오실 때, 유대인과 열방이 동일한 특권을 갖게 하실 것이다. 반면에 찰스 스펄전(Charles H. Spurgeon)은 구약과 신약 교회에서 이뤄질 하나님의 약속들의 절정으로서 천년왕국을 보았다. 확실히 그는 비세대주의자였다. 그는 교회 없는 이스라엘의 배타적 통치나 영광스러운 교회로부터 민족적 이스라엘의 배제를 인정하지 않았다.

국가적 이스라엘이 고토에서 회복하는 것에 대해 스펄전은 일관성 있게, 그리고 명료하게 다음의 내용들을 주장했다.

1. 하나의 국가로서 이스라엘은 그리스도에 대한 믿음을 갖게 될 것이다.
2. 이스라엘은 한 국가로서의 지리적·정치적 신분을 갖게 될 것이다.
3. 정치적 체계는 '한 왕이 다스리는' 왕정이 될 것이다.
4. 이스라엘은 약속된 땅 안에 있을 것이다.
5. 나라의 경계선은 아브라함과 다윗에게 주어진 약속들에 따라

그어질 것이다.

6. 이스라엘은 천년왕국 때에 열방 가운데 특별한 위치를 갖게 될 것이다.
7. 그러나 이스라엘은 영적으로 교회의 부분으로 남을 것이다.
8. 국가적 번성이 있을 것이다. 온 세계는 그것을 경이롭게 바라보며 이스라엘을 존경할 것이다.
9. 구약의 예언들은 비문자적 형태로 다뤄져선 안 된다.

또한 다음과 같은 가능성도 제기했다.

1. 천년왕국 동안 하나님께 예배를 드리기 위해 성전 또는 기독교적인 건물이 성전산에 지어질 것이다.
2. 천년왕국 동안 구약예식(안식일, 신월 등)의 몇 형태들이 존재할 것이다. 그러나 그러한 형태들은 교회를 위해 적합하게 재구성될 것이다.

월터 카이저(Walter C. Kaiser)는 예레미야 16:14-15절에 대한 스펄전의 그러한 해석에 동의하면서 다음과 같이 말했다.

"만약 디아스포라가 예언자들의 언급에 따른 하나님의 심판의 표식이라면, 이스라엘의 그 땅으로의 귀환은 하나님의 은혜의 표식이다. 이스라엘의 미래의 귀환은 출애굽과는 비교할 수 없는 놀라운 것이 될 것이다."

김충렬 목사가 기드론 골짜기에서 이스라엘 성지 답사 대원들과 함께 했다.

2013년 10월, 그는 세계 최고 권위의 신학자들이 모인 미국의 모임에서 이렇게 말했다.

"이스라엘의 회복은 분명히 있다. 우리는 그동안 대체주의 신학으로 잘못 가르쳐 왔다. 이스라엘은 하나님께서 계획하신 인류 구원의 마지막 완성을 위해 지금도 여전히 그 역할과 중요성을 지니고 있다."

따라서 우리 이방교회들과 성도들은 마지막 시대를 맞이해 예루살렘을 수도로 하는 하나님의 왕국(천년왕국)에 대한 이해를 바르게 하고, 도래하는 천년왕국을 위해 날마다 기도해야 한다. 또한 각자의 나라, 각자의 위치에서 우리 속에서 능력으로 역사하시는 이를 따라 힘을 다해 수고해야 할 것이다. (골 1:29) 동시에 하나님의 경륜을 따라 대속적 민족이 되어(신 29:24, 사 6:9~10, 겔 11:17, 롬 11:11 등) 우리 이방 민족에게 구원의 복음과 도래하는 천년왕국(메시아 왕국)을 위한 헌신의 동기를 선물해 준 선민 이스라엘을 위해 기도해야 한다. 그들이 마지막 시대에 세계 각국으로부터 고토로 돌아와 그 땅에 오실 예슈아를 영접하고 예루살렘을 수도로 하는 천년왕국의 중심 민족으로서의 정체성을 가지고 살아갈 수 있도록 집중적인 기도와 협력을 아끼지 않아야 할 것이다.

우리가 이상에서 살펴 본대로 예루살렘을 성경에 나와 있는 그대로 이해하게 된다면 다음 단계에 나오는 종말론을 무리 없이 바르게 이해할 수 있게 될 것이다.

8. 종말론

성경에 대한 '역사적-문법적-문예적'(historical-grammatical-literary) 해석에 기반한 종말론을 통해 이스라엘을 바라본다는 것은 이스라엘을 미래의 맥락으로 바라보는 것과 마찬가지다. 그것이 의미하는 것은 무엇인가? 그것은 이스라엘을 '영적 비전의 종말론'(spiritual vision eschatology)보다는 '새 창조 종말론'(new creation eschatology)으로 바라본다는 것을 의미한다.

교회의 역사에서 '대체주의'와 '영적 비전의 종말론'은 밀접한 관런이 있다. 그러면 영적 비전의 종말론이란 무엇인가? 그것은 전통적인 종말론으로 영생을 '하나님에 대한 지식으로 이루어진 인간 혼의 영원하고 불변한 영적 상태'로 보는 것이다. 이 영적 비전의 종말론에 따르면 지식은 하나님을 직접 바라보는 것과 같은 것으로 이해된다. (고전 13:12) 이 지식은 영생이 무엇인지를 알려주며 천국의 의미를 정의한다. 이 종말론을 믿는 자들은 육체가 영적인 물질로 구성되어 있으며 영으로 변환된다는 점에서 부활한 육체는 영적인 육체가 될 것으로 기대한다. 여기서 강조하고 있는 것은 개인의 변함없고, 환상적인 하나님에 대한 지식의 경험이다. 이러한 영적 비전의 종말론은 전통적으로 '이 땅에서의 삶을 영적인 실체의 상징'으로 여긴다. 따라서 바로 앞선 제 7장에서 언급한 대체신학적 관점에서는 '예루살렘'(혹은 시온)이 '구체적인 이 땅의 공간일 필요가 없다'고 주장한다. 이러한 영적 비전적 종말론의 치명적인 문제는 무엇인가? 여기에는 이스라엘을 위한 미래가 문자적으로 보장되어 있지 않다는 점이다. 그러기에 대체주의는 이스라엘의 미래를 부정한다는 점에서 영적 비전의 종말론과 궤를 같이 한다.

그러나 땅과 풍성한 열매가 필요하다는 맥락의 종말론적인 입장에서 이스라엘을 위한 미래에서는 국가적·정치적인 실체를 필요로 한다. 영적 비전의 사상에 따르면 이것은 모두 육신적이며 세상적인 것이다. 간단하게 말하자면 이것은 가능하지 않다. 결과적으로 이스라엘은 영적 운명을 향해 가는 영적인 사람들의 상징이 될 뿐이다. 따라서 이스라엘의 미래를 진지하게 받아들이려면 적어도 이 영적 비전의 종말론을 수정하거나, 완전히 다른 종말론적 개념으로 바꾸어야 한다. 그 다른 개념의 하나가 '새 창조의 종말론'(new creation eschatology)이다.

이 새 창조의 종말론은 '온 우주가 죄로부터 해방되는 것과 동시에 육체의 부활과 의인의 영화, 하나님의 자유와 해방을 누리는 것'을 강조한다. 이 종말론은 단순히 과거로부터의 지속을 의미하는 것은 아니지만 육체의 부활에서와 같이 과거와의 연속성, 즉 '몸이 다시 사는 것'을 강조한다. 새 창조의 종말론에서는 종말을 막연히 끝이 없다거나, 변함이 없다거나, 또는 근본적으로 환상적인 지적 상태로 여기지 않는다. 그것은 끝이 없다는 전통적 의미에서의 영원성을 말하는 것이 아니라 '영원히 지속된다'는 것을 뜻한다.

즉 새 창조를 통해 이 땅과 우주, 피조물의 충만함을 위한 자리가 마련되지만 그것은 특별히 삼위일체 하나님과의 교제 안에서 부활하신 메시아 예슈아의 주권 하에 살아가는 부활한 인간을 위한 자리이다. 이것은 인간의 삶을 '구분된 개인', '창조된 총체성'으로 여긴다는 것이다. 또한 '새 창조'는 인간이 구분된 개인일 뿐 아니라 인종적으로도, 공동체적으로도 구분되어 있음을 의미한다. 바로 이것들이 장차 믿는 자들의 정체성의 핵심적인 요소들을 이루고 있다. 따라서 다가올 종말의 세계에서 만일 우리가 '메시아 예슈아의 주권 하에서 함께 하나님의 영광을 위해 살아가는 이스라엘 백성들과 이방인들'을 제외한다면, 그 외에 무엇을 발견할 수 있겠는가?(계 5:9-10)

그러면 이렇게 '새 창조 종말론'의 입장이 전천년설의 모든 것을 의미하는가? 이에 대해서는 "그럴 수 없느니라"(눅 20:16, 롬 3:4, 6:31, 6:2,15)고 말할 수 있다. 그보다는 이방인 그리스도인들이 받아들일 '새 창조 종말론'의 연장선상에서 계시록 20장에 기록된 '천년왕국'(예슈아께서 사도 요한에게 주신 환상 중의 주된 것 중의 하나인 재림과 최후의 심판 사이에 있는 왕국)에 대한 것이라는 피할 수 없는 결론으로 이끈다. 따라서 우리가 전천년설의 입장을 견지한다면 자연히 천년왕국에서 중심역할을 하게 될 장소로서 '땅으로서의 예루살렘'을 인정하지 않을 수 없다.

"또 내가 보좌들을 보니 거기에 앉은 자들이 있어 심판하는 권세를 받았더라 또 내가 보니 예수를 증언함과 하나님의 말씀 때문에 목 베임을 당한 자들의 영혼들과 또 짐승과 그의 우상에게 경배하지 아니하고 그들의 이마와 손에 그의 표를 받지 아니한 자들이 살아서 그리스도와 더불어 천 년 동안 왕 노릇 하니 (그 나머지 죽은 자들은 그 천 년이 차기까지 살지 못하더라) 이는 첫째 부활이라 이 첫째 부활에 참여하는 자들은 복이 있고 거룩하도다 둘째 사망이 그들을 다스리는 권세가 없고 도리어 그들이 하나님과 그리스도의 제사장이 되어 천 년 동안 그리스도와 더불어 왕 노릇 하리라"
(계 20:4-6)

그런데 일부 복음주의자들은 선민 이스라엘을 위한 미래를 영적 비전의 관점에서 영원의 시작 바로 전, 즉 최후의 심판 바로 전에 이루어지는 천년왕국에서 완전히 성취되는 것으로 이해하고 있다. 그러나 냉철히 생각해 보자. 인간의 타락성이 아직 완전히 사라지지 않고, 더구나 비록 사탄이 무저갱에 갇혀 있지만 아직 불 못에 살아 있는 상황에서(계 20:1-3, 7-10) 성경에 계시된 인류 구속이라는 하나님 계획의 마지막단계인 선민 이스라엘과 이방인들에 대한 성경적 비전이 완전히 성취될 수는 없는 것 아닌가? 따라서 그 완전한 성취는 결국 천년왕국이 끝나고 사탄의 패망(계 20:7-10)과 최후의 심판(계 20:11-15)후 '새 하늘, 새 땅, 새 예루살렘'(계 21:1-22:21)이 이뤄질 때 드디어 완성될 것이다. (계 21:12,15, 22:16) 그리고 그 새 하늘과 새 땅, 새 예루살렘에는 하나님의 언약대로 여전히 유대적 기초와 이런 이름들이 있을 수밖에 없다. '이스라엘 자손', '열두 지파의 이름', '어린 양의 열두 사도의 이름', '다윗의 뿌리와 자손'….

결론 · 나가는 말

결론

결론적으로 이스라엘은 하나님의 구원 계획 안에서 국가적·민족적 미래를 갖고 있는가? 그렇다. 대체주의를 기반으로 형성된 전통적 신학에 깊이 뿌리 내린 '이스라엘의 국가적 미래에 대한 거부'를 제거하기 위해서는 성경신학적 사고를 통한 꾸준한 작업이 필요하다. 우리가 성경에 확실하게 예언된 이스라엘의 국가적 미래를 제대로 깨닫게 된다면 우선 우리 자신에게 어떤 변화가 일어날 것인가? 본 책자에서는 단지 그 영향들 가운데 지극히 일부인 하나님, 이스라엘, 죄, 그리스도(메시아), 성령, 교회, 예루살렘, 종말의 속성에 대해 조금 다뤘을 뿐이다.

그럼에도 이 책을 통해 이전보다는 신학적인 지식과 견해가 보다 새로워졌을 것이라 믿는다. 그런데 미래 이스라엘의 충만함이 세상의 풍요가 되는 것(롬 11:12)과 동일하게 이방인 그리스도들인 우리가 이스라엘에 대한 하나님의 모든 약속들을 메시아 예슈아 안에서 '예'와 '아멘'으로 받아들인다면, 그때는 우리의 신학적 지식이 이전과는 비교도 되지 않을 만큼 풍성해 질 것이라고 믿는다.

"깊도다 하나님의 지혜와 지식의 풍성함이여, 그의 판단은 헤아리지 못할 것이며 그의 길은 찾지 못할 것이로다 누가 주의 마음을 알았느냐 누가 그의 모사가 되었느냐 누가 주께 먼저 드려서 갚으심을 받겠느냐 이는 만물이 주에게서 나오고 주로 말미암고 주에게로 돌아감이라 그에게 영광이 세세에 있을지어다 아멘"(롬 11:33-36)

나가는 말

종말론적 계획 안에 있는 국가적 이스라엘의 미래

다시 고토에 정부가 세워질 것이다. 정치적 형태의 조직체가 다시 있게 될 것이며 하나의 국가가 세워질 것이다. 그리고 한 왕이 다스릴 것이다. 이스라엘은 지금은 그들 자신의 땅으로부터 멀리 떨어져 있지만 그들은 다시 그들의 땅을 즐거워할 것이다. 그들은 팔레스타인의 성스러운 땅을 결코 잊을 수 없다. 성지로부터 먼 곳에서 죽었지만, 그것은 영원한 것이 아니다. 이스라엘은 다시 그 땅을 즐거워해야만 한다. 이스라엘의 땅은 '뿔라'라고 불려질 것이다. 젊은 남자가 한 처녀와 결혼한 것처럼 말이다. "나는 너를 네 자신의 땅에 둘 것이다"는 것은 이스라엘에게 하신 하나님의 약속이다. 그들은 다윗의 보좌의 더 위대한 영광 안에서 국가적 번영을 이룰 것이고 하나님은 그들을 유명하게 만들 것이다. 그들은 이집트와 두로, 그리스와 로마가 누렸던 영광을 잊게 할 것이다. 비유적 해석이 아닌 문자적 해석으로 보아야 할 에스겔 37장 1절부터 10절까지의 말씀의 원래적인 의미는 마지막 때에 이스라엘의 12지파가 그들 자신의 땅에서 회복되어지는 것을 입증한다. 그리고 한 왕이 그들을 다스릴 것이다. **-찰스 스펄전 목사가 1864년 6월16일 메트로폴리탄교회에서 전한 '유대인의 회심과 회복' 설교의 일부**

> 여호와께서 이렇게 말씀하셨다. "해와 낮의 빛으로 주고 달과 별들의 규례들을 밤의 빛으로 주며 바다를 흔들어 그 파도들로 노호하게 하는 자, 그의 이름은 만군의 여호와다. 만일 이 규례들이 내 앞에서 떠나면-여호와의 말씀-이스라엘 자손도 영원히 내 앞에서 나라가 되지 못할 것이다. 여호와께서 이렇게 말씀하셨다. "만일 위로 하늘의 무게가 달아질 수 있고 아래로 땅의 기초가 조사될 수 있다면 나도 모든 이스라엘 자손을 그들이 행한 모든 일 때문에 거절할 것이다.(렘31:35~37,히브리어직역성경).

오늘 우리는 진정으로 아브라함과 이삭과 야곱의 하나님의 말씀이 세세토록 있음을 믿고 있는가?(사40:6-8,벧전1:23-25) 그렇다면 변함없는 그 말씀을 근거로 선민 이스라엘은 과거에도 현재에도 미래에도 하나님의 계획안에 있음을 믿을 수 있지 않는가? 아니 믿어야 마땅하지 않는가? 국가적 미래도.

부록

부록

1. 청교도 및 복음주의 신학자들의 국가적 이스라엘의 회복에 대한 선언들

윌리엄 퍼킨스(William Perkins, 1558-1602)

영국 캠브리지대 교수로 청교도들의 아버지로 불림.

"주님은 모든 민족이 아브라함 안에서 축복을 받을 것이라 하셨다. 따라서 나는 유대 민족이 부르심을 받고, 이 축복에 참여하기 위해 변화될 것으로 믿는다. 그날과 방법은 하나님께서 알고 계신다. 그러나 우리가 아는 것은 그 일이 이 세상의 종말 전에 이루어질 것이라는 사실이다."

찰스 스펄전(Charles H. Spurgeon, 1834-1892)

스펄전 목사는 1855년 설교에서 "우리는 유대 재건의 중요성에 대한 자각을 하지 못하는 것 같다. 크리스천들도 이에 대해 충분히 생각하지 않는다. 그러나 성경에는 분명히 이에 대한 약속이 있다. 바로 이방인들을 위한 첫 사도였고, 우리에게 첫 선교사로 왔던 유대인들이 다시 모이게 될 시기가 있을 것이라는 약속이다. 그때까지 교회의 완전한 영광은 이뤄지지 않을 것이다. 이스라엘의 재건을 통해 세상이 얻는 유익은 그 무엇과도 비교할 수 없을 것이다. 이들의 모임은 '죽은 자 가운데서 살아나는 것'과 같이 영광스러울 것이다."

스펄전과 이스라엘의 회복

스펄전 목사가 언급한 가장 명료하고 중요한 사실은 유대인들이 고토로 돌아갈 것이라는 내용이다. 그는 1864년 6월 16일 영국 메트로폴리탄교회에서 '유대인의 회심과 회복'에 대해 다음과 같이 설교했다. 스펄전 목사는 성경의 문자적 해석을 시도했다. 그는 학생들에게 이렇게 가르쳤다. "성경을 읽을 때 가져야 할 첫 번째 자세는 자신들의 상상의 흐름에 의해 이끌려 가면 절대 안 된다는 것입니다. 그러한 영해(靈解)적 해석은 성경의 본원적 의미와 배경을 무시하는 결과를 가져옵니다. 그것은 명료하게 선포되어져야만 합니다. 저는 항상 성경 본문을 문자적으로 해석했고, 성경의 약속들을 실제 그대로 취했습니다. 그리고 성경의 문자적 약속들을 개인 기도와 설교에서 그대로 사용했습니다. 여러분도 그렇게 하기 바랍니다."

이 같이 스펄전은 영해적 해석을 거부했다. 왜냐하면 영해적 해석은 본문의 본질적 의미를 곡해하기 때문이다. 스펄전은 그 땅으로 이스라엘이 돌아갈 것(이스라엘의 회복)이라는 주제에 대해 여러 번 반복해서 강조했다. 그는 유대인들이 민족적으로 예수 그리스도를 자신들의 메시아로 영접하는 것과 이스라엘 땅으로의 회복을 명

쾌하게 연결시켰다. 스펄전에 따르면 유대인들은 결국 그들 자신의 땅으로 귀환할 것이다. 그리고 그들은 오랜 세월동안 황무하였던 그 오래된 성읍들을 다시 일으킬 것이다. 그리고 한 민족으로서 다윗의 아들이신 나사렛 예수를 그들의 왕으로 모시게 될 것이다.

스펄전은 이렇게 말했다. "그 시간이 오고 있다. 그 종족들이 광야에서의 오랜 방랑을 종식하고 자신들의 땅으로 알리야 할 때 유다 온 땅은 장미꽃같이 피어날 것이다. 만약 성전이 재건되지 않는다면 시온의 언덕 위에는 크리스천 건물이 세워질 것이다. 그리고 그 장막에서 다윗이 불렀던 시편의 찬양이 엄숙하게 불릴 것이다. 나는 이 시대의 사람들이 유대인의 회복에 대한 중요성을 심각하게 생각하지 않고 있다고 본다. 그렇다. 우리는 그것에 대해 충분히 생각하지 않고 있다. 그러나 만일 성경 안에 어떤 약속이 명기되어 있다면, 그것은 분명히 이스라엘 회복과 관련된 것이다. 나는 여러분이 이스라엘의 실제적 회복이 있을 것이라는 사실을 명료하게 보지 않고서는 성경을 읽어도 제대로 이해할 수 없다고 확신한다. 유대인들이 회복될 때, 이방인의 충만한 수가 구원받을 때, 그들의 귀환이 이뤄질 때, 예수님이 시온산에 영광스럽게 돌아오실 것이다. 그리고 평화로 충만한 천년왕국의 날들이 도래할 것이다. 그때 우리는 모든 사람이 한 형제요 친구라는 사실을 알게 된다. 그날이 오면 그리스도가 온 세상을 통치하실 것이다."

바실레아 슐링크(Basilea Schlink, 1904-2001)와
독일 기독교마리아자매회(Evangelical Sisterhood of Mary)

독일 루터교에 속해 있었던 바실레아 슐링크(Basilea Schlink)와 기독교마리아자매회는 독일 나치가 자행한 독일 민족의 죄를 회개하며 이스라엘의 회복을 위한 중보 사역을 70여 년 동안 계속해왔다. 그 결과, 하나님은 당신의 강력한 임재로 이 공동체를 이끌어오셨다.

조나단 에드워드(Jonathan Edwards, 1703-1758)

로마서 11장은 유대인의 국가적 회심을 명료하게 예언하고 있다. 이보다 더 유대인의 국가적 회심을 명확히 예언하고 있는 부분은 없다.

위르겐 몰트만(Jurgen Moltmann)

이스라엘에 대한 하나님의 약속들은 여전히 그대로 남아 있다. 이스라엘은 교회로 옮겨지지 않았다! 교회는 이스라엘을 하나님의 역사 밖으로 밀쳐내지 말아야 한다. 초기 유대 크리스천들은 예슈아 및 열방의 그리스도인들과의 연합 가운데 12지파로 이뤄진 국가의 부흥을 간절히 희망했다.

밀러드 에릭슨(Millard Erickson)

미래에 국가적 이스라엘이 이뤄질 것이라는 약속은 분명하다. 그들은 하나님의 특별한 백성이다.

월터 카이저(Walter Kaiser)

일부 기독교 신학자들은 이스라엘은 불신앙으로 인해 하나님과 맺은 언약이 파기되는 운명에 처했으며, 이제는 교회가 이스라엘 대신 그 모든 언약들을 받게 되었다는 잘못된 주장을 하고 있다. 이러한 대체주의적인 대체신학은 구약은 물론이고 신약에서도 성경적 근거를 찾을 수 없다.

존 파이퍼(John Piper)

하나님의 구속사적인 계획 속에서 회심한 이스라엘은 처음으로 진정한 기독교 국가가 될지도 모른다.

찰스 핫지(Charles Hodge, 1797-1878)

교회의 보편적인 신앙에 따르면 예수아의 재림에 앞서 일어나야 할 위대한 사건은 유대인들의 국가적인 회심이다. 예수아에 대한 유대인의 거절은 그들의 믿음에 대한 전체를 설명하는 것도, 아직 끝난 것도 아니다. 하나님은 자신이 선택한 민족을 전체적으로 버리려고 설계하지 않으셨다. 이방인들이 하나님의 교회 안으로 들어오는 것보다 장차 유대인들의 회복은 더욱 가능성이 높은 사건이다.

(이에 대해 매튜 헨리, 존 오웬, 존 머레이, 게할더스 보스, 조나단 에드워드 등이 찰스 핫지와 같은 견해를 가졌다.)

박형룡(1897-1978)

예수 그리스도의 재림 전에 전 세계적 복음전파, 전 이스라엘의 회심, 대대적인 배교와 환난, 적그리스도의 출현 등이 일어날 것이다.

2. 이스라엘 국가(國歌) - 하티크바

하티크바: 그 희망

이 가슴 안에, 영원히, 이 가슴과 함께
하나의 유대 영혼이 흐느끼고 있네.
저 동쪽의 경계 끝에서, 저 앞을 향하여
하나의 눈동자가 응시하네, 시온을 향하는….
우리의 희망은 아직 사라지지 않았고
그 희망은 2천 년을 살았으며
바로 우리의 땅에서 자유로운 하나의 국가를 이루기 위하여
예루살렘이여, 시온의 땅이여….
바로 우리의 땅에서 자유로운 하나의 국가를 이루기 위하여
예루살렘이여, 시온의 땅이여….

3. 이스라엘 공화국 독립선언문

이스라엘 독립선언서는 1948년 5월 14일 금요일 텔아비브시 박물관 홀에서 열린 국가임시회의에 의해 채택되었다. 이 회의에 참석한 37명은 팔레스타인 유대인 총회와 다른 몇몇 기구를 대변하는 대의원으로 구성되었다. 그 내용은 다음과 같다.

유대민족은 이스라엘 땅에서 태어났다. 유대민족의 정신적·종교적·민족적 특성이 형성된 곳도 이 땅이다. 이스라엘은 독립국가로서의 주권을 누리고 살아왔다.

이스라엘은 이 땅에서 민족적이며 보편적 의미를 동시에 지니는 한 문화를 창조했으며 이 땅에서 책 중의 영원한 책인 성서를 전 세계에 선사했다.

일찍이 무력에 의해 추방되었던 유대민족은 전 세계 각지에 뿔뿔이 흩어져 있으면서도 항상 이스라엘 땅에 대한 신념을 간직했다. 그들은 꾸준한 기도 가운데 그 땅으로 돌아가기를 열망, 마침내 오늘날의 정치적 자유를 되찾게 되었다.

스스로의 역사와 전통에 대한 열렬한 애착을 잃지 않았던 유대민족은 고대 조국의 근원을 재생시키려 노력했다. 그리하여 오늘의 세대에 이르러 대규모로 조국에 돌아오게 된 것이다.

이 땅의 선구자와 국토 방위자들, 새로운 이주민들은 온갖 어려움을 이겨내며 황무지를 옥토로 만들었으며 모국어인 히브리어를 부활시키고 곳곳에 마을과 도시를 건설했다. 이들은 또한 사회를 번영시켜 스스로 경제와 문화체계의 주체가 되었으며 평화를 추구함과 동시에 조국방위에 전념, 이 땅의 모든 거주자에게 진보의 혜택을 안겨주고 독립국가로서의 주권을 획득하는데 헌신했다.

1897년 테오도르 헤르츨의 요구에 의해 처음으로 시온주의 의회가 소집되었다. 항상 유대국가 건설의 꿈을 마음속에 간직해왔던 헤르츨은 유대인들이 자신의 땅에서 자신의 국가를 건설할 수 있는 권리를 가질 수 있도록 해달라고 전 세계에 호소했다.

1917년 11월 2일, 이 권리는 발포어 선언에서 인정되고 위임통치국가연맹에서 확인되었다. 위임통치국가연맹은 이스라엘 땅과 유대민족간의 역사적 연관성과 자신의 조국을 재건설하려는 이스라엘 민족의 권리에 대한 정당성을 국제적으로 부여했다.

우리 시대에 유럽에서 자행된 수백만 명의 유대인 대학살은 이스라엘 땅에 유대민족의 국가가 부활되어 모든 유대인들이 조국의 품 안에 거하며 전 세계의 한 가족으로서 다른 모든 국가들과 똑같은 권리를 향유하는 국가적 지위가 얼마나 절실한가를 다시 한 번 입증해 주었다.

모든 곤경과 장애, 위험에도 불구하고 잔혹한 나치의 대학살에서 살아남은 생존자들은 각지에 흩어져 있는 유대인들과 힘을 합해 이스라엘 땅으로의 대이주를 추진했다. 이들은 자신의 고향에서 인간의 존엄성과 자유가 보장되고 정직한 노동의 대가가 인정받는 생활을 누릴 권리를 전 세계인들에게 역설했다.

제2차 세계대전 기간 동안 이스라엘 땅에 존속해왔던 유대인 사회는 악의 나치세력에 대항하여 자유와 평화를 위해 투쟁하는 국가의 편에 가담, 전심으로 활동했다. 이들이 전쟁에서 기울인 노력과 용사들의 희생의 대가로 유대인 사회는 UN 창립국가의 일원으로 지명되는 권리를 획득했다.

1947년 11월 29일, 유엔총회는 이스라엘 땅에 유대인 국가를 세울 것을 요구하는 결의안을 채택하며 그 땅의 거주자들 스스로 이 결의안을 실현시키는데 필요한 모든 조처를 취할 수 있도록 했다.

스스로의 국가를 건설할 수 있다는 유대인의 권리에 대한 이 같은 UN의 승인은 번복될 수 없는 것이다. 다른 모든 민족과 마찬가지로 유대민족도 주권국가로서 스스로의 운명을 통제할 수 있다는 당연한 권리를 갖는다. 따라서 이스라엘 땅의 유대민족과 시온주의 운동을 대표하는 국가회의는 팔레스타인에 대한 영국의 위임통치가 만료되는 이날 모두 모여 유대민족의 역사적 권한과 유엔총회 결의안의 정신에 입각, 여기 이스라엘 땅에 한 유대인 국가로서 '이스라엘'을 창설함을 선언하는 바이다.

위임통치가 끝나는 그 순간, 즉 안식일 자정, 5708년(유대민족 건국기원) 이야르월(유대력 8월) 제 6일인 1948년 5월 15일부터 국가회의는 선거구 회의에서 채택될 헌법에 따라 공정한 선거절차에 의해 국가기구가 창설되기 전까지 국가임시회의로서 그 역할을 대행한다. 이 국가회의의 집행부인 국가행정부는 임시정부를 구성하게 된다. 국가의 이름은 '이스라엘'로 정한다.

이스라엘 국가는 모든 유대인 이민자들과 이 땅에서 추방된 사람들에게 개방된다. 또한 이스라엘은 모든 거주인들의 복지를 위해 이 땅을 개간하며, 이스라엘 선지자들이 선포한 그대로 자유와 정의, 평화의 기반 위에 안주할 것이다. 이스라엘은 종교와 인종, 성에 대한 차별 없이 모든 시민들에게 완전하고도 동등한 사회적·정치적 자유를 부여한다. 이스라엘은 종교와 양심, 언어와 교육, 문화의 자유를 보장한다. 또한 이스라엘은 모든 종교의 성지를 수호하며 유엔헌장의 원칙을 준수한다.

이스라엘은 1947년 11월 29일에 조인된 유엔총회 결의안의 실현을 위해 UN의 모든 기관을 비롯해 대표 국가들과 협력할 준비를 갖추고 있으며 이스라엘 전 지역의 경제를 활성화하기 위한 모든 노력을 경주할 것이다.

우리는 UN이 이스라엘 국가를 건설하고자 하는 유대민족을 돕는 한편 이스라엘 국가를 UN 소속의 한 가족으로 인정해줄 것을 호소한다.

수개월동안 우리를 향해 퍼부어졌던 맹렬한 공격의 와중에서도 우리는 이웃하고 있는 아랍민족들에게 평화를 지킬 것과 완전하고도 평등한 시민권을 줄 것을 촉구한다. 또한 일시적이건, 영원하건 모든 기구 및 체제의 정당한 대표성의 기반 하에 이스라엘 국가를 건설하는데 각자의 역할을 다해줄 것을 촉구한다.

우리는 이스라엘 주위의 모든 국가와 국민에게 평화와 선린의 손길을 뻗친다. 우리는 이들에게 이 땅에 건설되는 이스라엘 독립국가와 함께 상호 원조하며 서로 협력할 것을 촉구한다.

이스라엘은 중동지역 전체의 발전을 위해 일치된 노력을 경주할 것을 다짐한다. 우리는 전 세계에 퍼져있는 유대인들에게 이스라엘 땅으로 이주, 국가 건설에 참여함으로써 우리가 오랫동안 희구했던 이스라엘 국가의 회복이라는 과업 완수를 위한 중심 역할을 할 것을 촉구한다.

이스라엘 국가의 반석이 되리라는 신념을 품고 우리는 이야르월 (유대력 8월) 5월 14일, 5708년 이야르력 제 5일, 조국의 땅 텔아비브 시의 국가임시회의에서 엄숙히 손을 들어 이 선언의 증인이 되고자 한다.

4. 이스라엘, 유대민족 국가법

기본법은 다음과 같은 11개 조항으로 구성된다.

(1) 기본원칙

1) 이스라엘 땅은 이스라엘 국가가 설립된 유대민족의 역사적인 고향이다.

2) 이스라엘 국가는 자국민의 자연적·문화적·역사적 자결권을 충족시켜주는 유대민족의 집이다.

3) 이스라엘 국가에서 국가의 자결권을 행사할 권리는 유대인에 게만 해당되는 고유한 것이다.

(2) 국가의 상징

1) 국가의 이름은 '이스라엘'이다.

2) 국기에는 흰색 바탕의 가장 자리에 두 개의 파란색 줄무늬가 있고, 중앙에 파란색 다윗의 별이 있다.

3) 국가의 문장(紋章)은 양쪽 올리브 잎과 그 아래에 '이스라엘'이라는 단어가 있는 일곱 개 가지의 메노라이다.

4) 국가(國歌)는 '하티크바'이다.

5) 국가 상징에 대한 세부사항은 법에 의해 결정된다.

(3) 국가의 수도

완전하고 통일된 예루살렘은 이스라엘의 수도이다.

(4) 언어

1) 국가의 언어는 히브리어다.

2) 아랍어는 국가에서 특별한 지위를 갖고 있다. 아랍어 사용에 대한 규제는 국가기관 혹은 법에 의해 결정된다.

3) 이 조항은 법이 효력을 발하기 전에 아랍어에 부여된 지위에 해를 끼치지 않는다.

(5) 망명자들의 집결

국가는 유대인의 이민과 망명자들의 집결에 개방되어있다.

(6) 유대민족과의 연결

1) 국가는 유대인 신분 혹은 그들의 시민권으로 인해 어려움을 겪
   거나 포로상태에 처한 유대인들의 안전을 보장하기 위해 노력
   할 것이다.
2) 국가는 국가와 유대민족 구성원과의 친선관계를 강화하기 위
   해 디아스포라 내에서 노력해야 한다.
3) 국가는 디아스포라 유대인들 사이에서 유대민족의 문화적·역
   사적·종교적 유산을 보호하기 위해 노력해야 한다.

(7) 유대인 정착지

국가는 유대인 정착지의 발전을 국가 가치로 간주하며 이의 설립
및 통합을 장려하고, 촉진하기 위해 행동할 것이다.

(8) 공식 달력

히브리 달력은 국가의 공식 달력이며 그레고리력의 사용은 법에
의해 결정된다.

(9) 독립기념일 및 현충일

1) 독립기념일은 국가의 공식 공휴일이다.
2) 이스라엘을 수립하기 위한 전쟁과 홀로코스트에서 죽은 이들
   과 영웅들을 추모하는 날은 국가의 공식 현충일이다.

(10) 휴일과 안식일

안식일과 이스라엘의 절기들은 국가의 공식 휴일이다. 비유대인들은 그들의 안식일과 절기를 지킬 권리가 있다. 이 문제에 대한 세부사항은 법에 의해 결정된다.

(11) 불변성

이 기본법은 정해진 다수의 국회의원들에 의해 통과되고 다른 기본법에 의해 수정되지 않는 한 개정되지 않는다.

김충렬 목사가 이스라엘 국기가 휘날리는 므깃도 벌판에서
손을 들고 이스라엘을 축복하는 기도를 드리고 있다.

이스라엘, 아세요?

초판 1쇄 2020년 4월 29일

지 은 이 _ 김충렬
펴 낸 이 _ 이태형
펴 낸 곳 _ 국민북스
편   집 _ 김태현
디 자 인 _ 서재형

등록번호 _ 제406~2015~000064호
등록일자 _ 2015년 4월 30일

주   소 _ 경기도 파주시 와석순환로 307, 1106~601 우편번호 10892
전   화 _ 031~943~0701
팩   스 _ 031~942~0701
이 메 일 _ kirok21@naver.com
ISBN 979-11-88125-30-2 03230